S0-DFG-218

Hija de actores españoles, Ana Diosdado nace en Buenos Aires poco después de la guerra civil española, regresando con su familia a España en los años 50. Compaginándolo con sus estudios, y con su carrera de actriz, escribe desde su primera juventud, colaborando con artículos y cuentos en diversas publicaciones, hasta que se edita en 1964 su primera novela, EN CUALQUIER LUGAR, NO IMPORTA CUANDO... Desde 1970 estrena con regularidad las siguientes obras de teatro: «OLVIDA LOS TAMBORES», «EL OKAPI», «USTED TAMBIEN PODRIA DISFRUTAR DE ELLA», «LOS COMUNEROS», «Y DE CACHEMIRA, CHALES», «CUPLE», «LOS OCHENTA SON NUESTROS» y «CAMINO DE PLATA». Está a punto de estrenarse su siguiente comedia: «TRESCIENTOS VEINTIUNO, TRESCIENTOS VEINTIDOS». Sigue, como siempre, alternando su trabajo literario en diversos medios de comunicación, como prensa, radio, cine, televisión y novela, en varios de los cuales ha conseguido diversos galardones.

Ana Diosdado

Los ochenta son nuestros

Colección Teatral de Autores Españoles

Ediciones Antonio Machado. Madrid 1990

VOLUMEN XL DE LA BIBLIOTECA ANTONIO MACHADO DE TEATRO

*La colección Biblioteca Antonio Machado de Teatro está
patrocinada por la Sociedad General de Autores de España
con el objetivo fundamental de difundir y testimoniar
el repertorio dramático español.*

Diseño de cubierta: Alberto Corazón

© Ana Diosdado
© Ediciones Antonio Machado
Tomás Bretón, 55 - 28045 Madrid
ISBN: 84-7644-048-0
Depósito legal: M. 9.303-1990
Impreso en España - *Printed in Spain*
Gráficas Rogar, S. A.
Fuenlabrada (Madrid).

«*Los ochenta son nuestros*» *fue estrenada en el Teatro Infanta Isabel, de Madrid, el 13 de enero de 1988.*

REPARTO
por orden de intervención

Mari Angeles:	AMPARO LARRAÑAGA
Jose:	IÑAKI MIRAMÓN
Cris:	LYDIA BOSCH
Rafa:	LUIS MERLO
Laura:	FLAVIA ZARZO
Juan Gabriel:	JUAN CARLOS NAYA
Chus:	VÍCTOR MANUEL GARCÍA
Miguel:	TONI CANTÓ

Ficha Técnica

Escenografía e iluminación:	SIMÓN SUÁREZ
Música original:	TEDDY BAUTISTA
Dirección:	JESÚS PUENTE
Regidor:	RICARDO SUÁREZ
Jefe iluminación:	ANGEL PALOMINO
Fotografía:	JESÚS ALCÁNTARA
Diseño publicidad:	JOSÉ GONZALO
Material iluminación:	JOSÉ LUIS RODRÍGUEZ
Maquinista:	LUIS JIMÉNEZ
Realización decorado:	DECORUM
Coordinación general:	TOMÁS GAYO
Ropa deportiva de ATP:	FOX

ESPACIO ESCENICO

El espacio escénico representa el abandonado garaje de un chalé en la sierra de Guadarrama, y el jardín que lo rodea.

Se halla dispuesto sobre una plataforma separada del suelo del escenario.

Fuera de la plataforma, relajada y como observando con interés lo que en ella sucede, una niña de unos catorce o quince años, de aire infantil e inteligente. Viste un conjunto blue-jean y contempla, desde otro tiempo, la representación.

Al empezar ésta, el recinto del garaje se halla en penumbra. En primer término de la plataforma, protegido por una pequeña trinchera formada por viejas ruedas de automóvil, Jose, vestido con un chandal, por debajo del cual asoma un jersey, escucha música, con religiosidad, o modorra, o las dos cosas, echado en el suelo sobre la colchoneta floreada de un columpio de jardín.

Tiene dieciocho años rebosantes de vitalidad, de agresividad contenida, lo que suele llamarse «una fuerza de la naturaleza».

Al garaje se le supone una puerta de bisagra, que se abre hacia arriba, al revés que un puente levadizo, y que preferiblemente no será real en la escenografía, al igual que las paredes del garaje.

La puerta se levanta chirriando, dejando entrar un poco de luz de día, y haciendo más nítida la parte visible del jardín, que es grande, antiguo y bastante descuidado, como un paraíso muerto. Quien abre la puerta es Cris, una chica bonita y resuelta, de diecisiete años. Viste un viejo pantalón vaquero y un cárdigan muy abrigado. Trae la cabeza llena de rulos. En la mano, una cafetera eléctrica, grande, de modelo antiguo, y un par de paquetes.

PRIMER ACTO

CRIS.—(*Como para sí misma, lamiéndose una herida que se hace en la mano al abrir.*) Joder... (*Inmediatamente va a encender una luz que ilumina la totalidad del viejo garaje. Este ha sido rudimentariamente habilitado para servir de discoteca. A guisa de asientos, un par de viejos barriles pintados de rojo, y puffs de esparto, bombillas rodeadas de tulipas estilo viejo oeste, un largo tablón sobre dos borriquetas, que sirven de barra, unas baldas de conglomerado, también pintadas y, sobre ellas, botellas y vasos.*
Bajo un enorme y oxidado grifo, un improvisado fregadero: una bañera de bebé adornada con calcomanías y cuyo desagüe se ha conectado una larga goma... Viejos útiles de jardinería. En algún rincón, una buena provisión de leña. Un tocadiscos barato, discos, apilados junto a él de cualquier manera. Una nevera portátil, grande de Coca-Cola, o cualquier otra propaganda de refresco. Y, recortando en el aire, como dibujado sobre lo que debería ser una de las paredes, un abeto de Navidad con sus velas y adornos tradicionales. Todo ello con tizas de vivos colores. Debajo, en negro, una pintada: «¡Los ochenta son nuestros!» [Por supuesto, será válida cualquier otra concepción de la escenografía que sirva a la acción.] En cuanto enciende la luz, Cris deja en alguna parte lo que traía en las manos, y va derecha a apagar el tocadiscos. Desde su escondrijo, donde intenta permanecer inmóvil, Jose delata su presencia con un movimiento involuntario, Cris le oye, sobresaltándose.)

CRIS.—*(Asustada.)* ¿Juan...? Estás ahí? *(Al no recibir contestación, retrocede hacía la puerta, apoderándose de una enorme pala, como defensa.)*

CRIS.—... ¿Juan?...

JOSE.—*(Resignándose)* No, pesada, no. No soy Juan... ¿Qué haces aquí a estas horas?

CRIS.—*(Tranquilizada, volviendo a dejar la pala en su sitio.)* ¿Y tú? ¿Qué hace ahí detrás?... ¡Venga, sal!... ¿O no estás solo? *(Jose se pone en pie, desentumeciéndose.)*

JOSE.—Más solo que la una. ¡Joder, que frío!

CRIS.—Claro, ¿a quién se le ocurre?... ¿Qué haces aquí tan temprano?

JOSE.—¡Una cafetera! ¡Funciona?

CRIS.—Sí, es de las de casa.

JOSE.—Pues hazme un cafelito. Largo y con leche. Y ponme una copa.

CRIS.—*(Indignada.)* ¿Y qué más?

JOSE.—Ya veré. Venga, chata, que estoy helao. *(Cris se dispone a preparar el café.)*

CRIS.—Un café, sí. Y yo lo tomo contigo. Pero déjate de copas a estas horas, que últimamente las coges mortales, guapo.

JOSE.—Las cojo como quiero. No es asunto tuyo.

CRIS.—Todavía no me has dicho qué hacías aquí. *(Jose baja una botella de la estantería para servirse.)*

JOSE.—*(Irónico.)* ¿Quién te manda? ¿Tus papás? ¿Mi mamá?... Porque mi papá seguro que no ha sido.

CRIS.—Pues le he visto. Al salir de casa. Estaba lavando el coche.

JOSE.—¿Y te ha dicho que me busques?

CRIS.—No me ha dicho nada. ¿Qué pasa? ¿Has tenido bronca otra vez?

JOSE.—Di que no lo sabías, anda.

CRIS.—Palabra que no. ¿Por eso estabas ahí? ¿No habrás dormido ahí detrás?

JOSE.—Sí. Y si no fuera por el frío, se está cojonudo. *(Se bebe de un trago la copa que acaba de servirse.)*

CRIS.—Qúe bestia eres, tío. Ni una más, ¿eh?

JOSE.—Cris, no seas coñazo, ¿quieres? Tú, a lo tuyo. Por cierto, ¿no estaré estorbando?

CRIS.—*(Agresiva.)* ¿A quién?

JOSE.—A lo mejor has quedado aquí con alguien, y yo estoy de más.

CRIS.—No empecemos, ¿eh? ¿Que te pones muy pesao.

JOSE.—¿Yo?

CRIS.—*(Dolida.)* Anda que..., ¡en qué momento te diría yo nada! No se te puede hacer una confidencia.

JOSE.—Una confidencia a medias... No me dijiste si por lo menos te morreabas con él, o algo.

CRIS.—*(Chascando la lengua, incómoda.)* Tú no entiendes nada.

JOSE.—¿Yo? Lo que tú me cuentas. Fue el día que nos vinimos a la sierra, ¿te acuerdas? No había dios que pusiese en marcha la calefacción y tu madre te hizo un ponche caliente. Como acabaste medio borracha, me confesaste que te habías colado por el maravilloso Juan Gabriel y que...

CRIS.—*(Cortándole.)* Bueno, pues ahora te olvidas.

JOSE.—¿Tienes un rollo con él, sí o no?

CRIS.—¡No tengo nada con él!... Y además, él no lo sabe, así que como me vuelvas a gastar una bromita en público...

JOSE.—*(Triunfante.)* ¡El no lo sabe! ¡Ya decía yo! ¡Claro que no lo sabe!

CRIS.—Ya decías tú, ¿qué? ¿Qué decías, eh? ¿Que voy de mema por la vida y me enamoro de tíos que no me hacen caso? Es problema mío.

JOSE.—Santa Lucía te conserve la vista.

CRIS.—*(Harta.)* ¡Oye, llevas todas las vacaciones rondando a mi alrededor con ganas de abrirme los ojos, ¿no?! Pues no te tomes la molestia. Me da igual eso que piensas de Juan. Primero, porque es mentira, y luego porque tampoco es mi problema... Si me hiciera caso me podría preocupar, pero como no me lo hace, ¿qué más me da a mí que sea homosexual o que no lo sea?

JOSE.—*(Muy divertido por la palabra.)* ¡Homosexual!

CRIS.—¿No era eso lo que me querías decir?

JOSE.—Yo te hubiera dicho maricón, chata. Yo le llamo al pan, pan, y al vino, vino.

CRIS.—¡Será hijoputa!... ¿Por qué te tienes que meter con Juan? ¿Qué te ha hecho?

JOSE.—*(Amanerándose, burlón.)* ¿A mí? Nada, no me dejo.

CRIS.—¡Qué hijoputa eres! ¿Y por qué Juan precisamente? ¿Por qué no Rafa? Son igual de superexquisitos los dos, ¿no? ¡Pero Rafa es sagrado, claro!

JOSE.—Mira, estamos diciendo tonterías. Juan también es amigo mío. De toda la vida. Y le quiero. Y me da igual que sea maricón. Porque lo es. Eso, me juego lo que quieras. Pero lo tuyo es distinto. Una cosa es que le anduvieras detrás cuando eras una cría, como todas, porque era el mayor, y... ¡y porque se enamora de él todo Cristo, yo no sé por qué coño! Pero ahora...

CRIS.—*(A la defensiva.)* ¿Ahora, qué?

JOSE.—Nada

CRIS.—*(Creciéndose.)* ¿Ahora, qué?

JOSE.—Después de lo que te hicieron, no quiero que...

CRIS.—*(Estallando.)* ¡¡YA ESTA BIEN DE LO QUE ME HICIERON, YA ESTA BIEN!! *(El estallido es tan violento, que los dos se quedan un momento mirándose en silencio, desconcertados.)*

CRIS.—(*Recuperando la calma, mientras sigue con lo del café.*) Ya sabía yo que iba por ahí la cosa... Te veía venir. Yo no te digo hasta dónde me tenéis con «lo que me hicieron». ¡Me lo hicieron a mí? A mí solita. No es patrimonio de la familia. Es asunto mío. Mío nada más. Y yo ya lo he superado, ¿no?

JOSE.—No sé.

CRIS.—(*Con otro alarido.*) ¡¡¡SIII...!!!

JOSE.—(*Conciliador.*) Bueno, bueno...

CRIS.—Así que a ver si lo superáis los demás de una puñetera vez, y le damos carpetazo.

JOSE.—Bueno vale.

CRIS.—¡No me digas que sí como a los locos!

JOSE.—¿Se puede saber por qué te pones así?

CRIS.—¡Es que tiene narices que yo me empeñe en olvidar esa historia, y que los demás no me dejéis!

JOSE.—Oy, yo sólo te he dicho...

CRIS.—(*Dando golpes con todo lo que utiliza, sin dejarle hablar.*) ¡A mi madre, parece que se le ha muerto la hija! Todavía se le llenan los ojos de lagrímas, y me mira como si tuviera la viruela negra. «¡Mi niña!», dice, «¡mi niña!». Y mi padre, peor. Aprieta las mandíbulas, cierra los ojos, suspira. ¡Joder, que me dejen en paz! ¿Por qué no os imagináis que me quitaron el bolso? Un accidente y ya está. ¡Ya está, ya está, ya está, ya está!... Pero no. No hay manera.

JOSE.—¡Bueno, ya! ¡Vale! ¿No te parece que estás sacando las cosas de quicio? Lo único que he dicho... (*Cris suelta violentamente lo que tiene en las manos y se vuelve hacia JOSE, interrumpiéndole.*)

CRIS.—Pero ¿es que tú no sabes lo que pasó la otra noche?

JOSE.—No. ¿Qué noche?

CRIS.—Cogieron unos chicos y los dejaron medio muertos a golpes. Uno está en la UVI y el otro...

JOSE.—*(Interrumpiéndola.)* Ah, si... Dos yonkis que rondaban por el pueblo.

CRIS.—*(Asombrada.)* Lo dices como si no fueran personas.

JOSE.—Seguro que andaban rondando para robar algún chalé.

CRIS.-¡No andaban rondando nada! Por lo visto, venían buscando a un amigo.

JOSE.—¿De madrugada?

CRIS.—¿Y por qué no?

JOSE.—Ya ves por qué no. Porque los muelen a patadas. Y hacen bien.

CRIS.—No era de madrugada. Eran las diez de la noche.

JOSE.—Ahora es de madrugada a las diez de la noche; ya no hay seguridad... Además, ¿no iban pidiendo guerra?, pues...

CRIS.—¿Pidiendo guerra por qué?

JOSE.—*(Encogiéndose de hombros.)* Guarros, con pinta de piojosos. *(Con auténtica rabia de pronto.)* ¡De piojosos de mierda! Llenos de pelos, de barbas y de collares. Uno iba fumando un porro, iba ciego. ¡Seguro que iban ciegos los dos! *(Recogiendo velas súbitamente.)* Por lo menos, así me lo han contado.

CRIS.—¿Te lo han contado?

JOSE.—¡Sí, me lo han contado?

CRIS.—¿Quién?

JOSE.—*(Cada vez más a la defensiva.)* Mi padre. ¿Quién te lo ha contado a ti?

CRIS.—En el pueblo lo sabe todo el mundo, no se habla de otra cosa... *(Asustada, dulce.)* Jose..., ¿tú no tienes nada que ver con eso, verdad?

JOSE.—¿Yo? ¿Por qué voy a tener que ver?

14

CRIS.—Porque ha sido por mí, seguro. ¿No te das cuenta? Lo han hecho por mí. Han visto a unos chicos con pinta rara y han ido a por ellos, como si fueran los mismos.

JOSE.—Bueno, ¿y qué? Han hecho bien. Así aprenderán.

CRIS.—¿Aprenderán a qué? ¿No ves que no pueden ser ellos? ¡Fue este verano, han pasado meses!

JOSE.—Da igual. Tenían una facha parecida, ¿no? Serán parecidos.

CRIS.—Pero, Jose, ¿tú te estás oyendo? ¡Uno de esos chicos esta muy grave!

JOSE.—¿Uno solo? ¡Lástima no revienten los dos!

CRIS.—*(Tapándose los oídos, casi histérica.)* ¡No te quiero oír hablar así!

JOSE.—¡Otra como mi padre! ¿Sabes por qué fue la bronca anoche? Por eso. Por esos dos hijos de puta, precisamente. Me soltó lo mismo que tú. «No te quiero oír hablar así» Pues vale, ya lo tiene, lo ha conseguido. No me va a oír hablar así ni de ninguna manera.

CRIS.—*(De nuevo dulce, como antes.)* No tienes nada que ver, ¿verdad, Jose?

JOSE.—No, no tengo nada que ver, ¡pero lo siento! Porque ten por seguro que cada vez que me encuentre con algún...

CRIS.—*(Cortándole.)* ¡Por favor, no! ¡Por mí, no! ¡Venganzas por mí, no!... Y además, ¿contra quién? Contra todo el que lleve pendientes, o pelos largos, o qué? ¿O qué, me quieres explicar?

JOSE.—No sería mala idea. Así limpiábamos un poco el panorama.

CRIS.—¡Qué tonto eres, Jose! ¡Qué tonto y qué peligroso!

JOSE.—Ya te ha estao comiendo el tarro mi padre.

CRIS.—¡Deja ya a tu padre en paz!

JOSE.—Y tú, deja de hacerte la Santa Bernardet. «Perdónalos porque no saben lo que hacen! ¡Si me violan, que me violen, todo sea por la paz!» Pues para mí la paz es que no pasen esas cosas, ¿sabes, chata?

CRIS.—*(Con un gesto de fastidio.)* No fue Bernadette, fue María Goretti; no das una, guapo.

JOSE.—¡Como si fue Miguel Bosé! Lo que te quiero decir es que lo de este verano te puede volver a pasar. Y les puede pasar a otras. Y no sólo aquí, ¿eh? En todo el mundo. ¡Lee los periodicos!

CRIS.—¡Pues a ver si los lees tú también! ¡No sólo hay atracos y delincuentes comunes! ¡También hay mucho niño de buena familia abriéndole la cabeza al prójimo! *(Imitándole.)* «Y no sólo aquí, ¿eh? En todo el mundo.»

JOSE.—Habrá que tomar medidas, ¿no?

CRIS.—¡Pero esas medidas, no, animal! Esas medidas nunca han servido para nada. La violencia...

JOSE.—*(Recogiendo la frase.)* ... engendra violencia. Sí, ya, mi padre, seguro.

CRIS.—¡Deja ya a tu padre en paz, qué obsesión!

JOSE.—Eso es justo lo que voy a hacer. Dejarle en paz. Y a ti, no te preocupes. Y a todos. *(Se produce una pausa. Están incómodos.)*

CRIS.—*(Por reanudar la conversación de alguna manera.)* Todo esto ha salido por lo de Juan. Porque me estaban dando otra vez el coñazo con Juan. Pues te advierto...

JOSE.—*(Interrumpiéndola.)* No he empezado yo; empezaste tú.

CRIS.—¿Yo?

JOSE.—Tú. Entraste llamándole. *(Imitándola.)* ¡Juaaaaan!...

CRIS.—*(Impaciente.)* He entrado llamando a Juan porque he oído ruido y este garaje es suyo.

JOSE.—También es de Rafa, y no has entrado llamando a Rafa.

CRIS.—Porque me he cruzado con él por la carretera.

JOSE.—¡Anda ya!

CRIS.—Palabra.

JOSE.—¿Con Rafa? ¿Y adónde iba a estas horas?

CRIS.—Al pueblo, por tabaco. Por lo menos, eso me ha dicho. *(Sospechando algo.)* Aunque, habida cuenta de que él no fuma...

JOSE.—Será para el club, para el festejo de esta noche.

CRIS.—Suponiendo que lo haya, claro.

JOSE.—¿Tabaco?

CRIS.—Festejo. ¿Es que no sabes lo de Mari Angeles?

JOSE.—No. ¿Qué le pasa a esa enana asquerosa?

CRIS.—*(Muy segura de su efecto.)* Que se ha muerto su padre le pasa.

JOSE.—No jodas.

CRIS.—Para que te lo pienses dos veces antes de hablar mal de nadie.

JOSE.—¡Si es que me da unas latas de muerte!

CRIS.—¡Y no te gusta a ti poco que las niñas te den la lata?

JOSE.—Las niñas pequeñas, no. ¿De qué ha sido? Era un tío joven.

CRIS.—¿Joven? Cuarenta años, me ha dicho tu padre.

JOSE.—¡Ah, mi padre, ¿no?! ¿No quedamos en que no habíais hablado de nada?

CRIS.—De nada tuyo.

JOSE.—¡Ya!

CRIS.—¡Ni ya ni nada! Me ha contado lo del padre de la enana, y nada más. A ti ni te ha nombrado.

JOSE.—Bueno, vale, lo que tú digas... ¿Y de qué se ha muerto? De un infarto, seguro. Ahora cascan todos de un infarto.

CRIS.—No. Se tragó un camión en la M-30... Baja un par de cazos de ésos. *(Jose descuelga los cazos de metal, observándolos con desaprobación.)*

JOSE.—¿Esto es lo que habéis comprado para el cafe?

CRIS.—Sí, ¿qué pasa?

JOSE.—A mí, pónmelo en un vaso.

CRIS.—Ni hablar, que explotan y tenemos muy pocos. Trae...

JOSE.—*(Escondiendo los cazos a su espalda.)* En un vaso.

CRIS.—¡En el cazo o te quedas sin café! *(Jose intenta apoderarse de la cafetera.)*

JOSE.—¿Ya estás mandando? ¡Me lo pones donde yo diga!

CRIS.—*(Sorteándole y defendiéndose.)* ¡Tú te lo tomas donde todo el mundo!

JOSE.—¡Dame!

CRIS.—¡Que no!

JOSE.—¡Dame!

CRIS.—¡No me da la gana!

JOSE.—¡Suelta!

CRIS.—¡No!

JOSE.—¡Cris, que no quiero hacerte daño!

CRIS.—*(Forcejeando, muerta de risa.)* ¡Que me quemas, hijoputa!

(Por el jardín entra en ese momento Rafa. Rafa tiene diecisiete años, un aspecto pulcrísimo, una elegancia natural y una cordial ironía, cuidadosamente elaborada, perfeccionada y defendida. Viste, impecablemente, de sport. Lleva bien lo de ser una belleza, del mismo modo que lleva bien los trajes. Cuestión de raza. Un poco putrefacta, un poco decadente ya, pero raza. El misterio en él es que no habla en serio jamás, o casi, que no se entrega jamás y que por eso parece invulnerable, aunque uno sepa que no lo es, que no puede serlo, y que detrás de aquella

*mirada, desoladoramente sabia y vieja para ser la de un niño,
hay un ser humano asustado. Valiente, pero asustado, como
todos los seres inteligentes. Rafa es muy inteligente.)*

CRIS.—*(Desasiéndose de Jose después de echarse el café por
encima.)* ¡Di que sí, Rafa, defiéndeme!

RAFA.—Tú llámame así y te va a defender quien yo te
diga.

CRIS.—¡Uy, por Dios, don Rafael, me olvidaba! No volverá
a ocurrir.

RAFA.—Así, así... ¿Qué hacéis aquí tan temprano los
primitos?

CRIS.—Pues eso: los primitos. Por lo menos, yo. ¡Encima
de que le hago un café, mira!

RAFA.—No te desanimes y haz otro. Yo también quiero.

CRIS.—Vale.

RAFA.—Pero café, café, no sucedáneos, ¿eh?

CRIS.—Café, café. Que por cierto, a ver a cuánto lo
cobramos. Este verano acabamos perdiendo con la coña del
bar.

RAFA.—Nunca se habló de ganar dinero.

CRIS.—¡Ni de perderlo, no te jode! *(Al crudo vocablo,
Rafa cierra los ojos como si le dañaran los tímpanos.)*

RAFA.—¡Por favor, Cris, por favor! ¿No puedes decir dos
palabras sin intercalar una ordinariez?

CRIS.—No, ¿qué pasa?

RAFA.—Que hieres mi sensibilidad... ¿Sabéis lo del padre
de Mari Angeles?

JOSE.—Me lo estaba contado ésta. ¿Cómo se ha enterado?
Anoche estuvo aquí con todos, tan pancha.

RAFA.—Por televisión. Lo dieron con las últimas noticias:
«El popular cantautor, Fulanito de Tal, ha muerto hoy, en

trágico accidente, cuando se dirigía a...» Así. Que den un paso al frente los que tengan padre. Tu, no.

JOSE.—Joder.

CRIS.—Qué putada.

RAFA.—Cris...

CRIS.—¿Qué?

RAFA.—¡Por favor!

JOSE.—¿Y qué ha hecho la enana? ¿Se ha ido a Madrid?

RAFA.—Sí, se ha ido al entierro. Lo enterraban esta mañana.

JOSE.—¿Y la ex?

RAFA.—La ex ha dicho que allí no pintaba nada. Y por un lado es verdad, claro.

JOSE.—No pintaría nada como ex, pero como madre de la enana sí pintaba. Tampoco es normal que se lo tenga que tragar la pobre cría sola.

RAFA.—¿Y ese paternalismo, de pronto? Creí que no la aguantabas.

JOSE.—Y no la aguanto, pero es que esto de hoy es muy gordo.

CRIS.—Y en Nochevieja, además. Menuda cabronada...

RAFA.—Pero ¿por qué eres tan basta?

CRIS.—¿Y tú por qué eres tan cursi?

RAFA.—Lo mío no tiene remedio; lo tuyo, en cambio, sí.

CRIS.—No hago daño a nadie.

RAFA.—A mí. En los oídos.

CRIS.—Pues tápatelos. Yo hablo como me parece.

RAFA.—Como un carretero.

CRIS.—¡Mejor!

RAFA.—Borracho, además.

CRIS.—¡Me da la gana!

RAFA.—Pues no veas lo que pareces.

CRIS.—¡No, y seguirá una hora! ¡Hay que joderse con la manía que ha cogido!

RAFA.—Por favor, Jose, pídeselo tú. Como jefe de clan.

JOSE.—Yo ya no soy de su clan. He roto mis naves. *(Cris y Rafa se echan a reír a la vez.)*

CRIS.—¿Qué ha hecho qué, con las naves?

RAFA.—Que las ha roto, dice.

JOSE.—*(Encogiéndose de hombros, pero sin enfadarse.)* Sois memos, coño.

RAFA.—¿Te has ido de casa, por un casual?

JOSE.—Sí, culto, sí.

RAFA.—¿Es broma?

JOSE.—No. *(Rafa se vuelve a Cris, como en espera de confirmación.)*

CRIS.—A mí no me mires, yo no sé nada. He venido a traer la cafetera y me lo he encontrado ahí detrás, rumiando su independencia.

RAFA.—¿No habrás dormido ahí?

JOSE.—Sí.

RAFA.—Y ya que te has refugiado en mis dominios, ¿por qué no has subido a casa?

CRIS.—Porque le gusta echarle teatro al asunto.

JOSE.—¡Porque no me gusta molestar!... Y luego, por si mis padres empezaban a darle al teléfono.

CRIS.—Tus padres ni siquiera saben que no has dormido en casa, me juego lo que quieras.

JOSE.—Mejor.

CRIS.—¿Mejor? Te conozco como si te hubiera parido, tío. Lo que tú quieres es montar un número por todo lo alto, como siempre.

JOSE.—¡Pon el café, anda! ¡Pon el café y no me saques de madre!

RAFA.—Prima, no le saques de madre, tía.

21

CRIS.—El café ya está puesto, tú trae los cazos.

JOSE.—Te he dicho que no.

CRIS.—*(A Rafa.)* ¡Ahora no quiere usar los cazos para el café!

RAFA.—¿Estos? Ni yo. Yo no tomo café ahí, desde luego.

CRIS.—Otro gilipollas.

JOSE.—¿Lo ves? A don Rafael y a mí, el café en vaso.

RAFA.—¿Cómo en vaso? Ni hablar. El café se toma en tazas.

CRIS.—En el Ritz.

RAFA.—Y en mi casa.

CRIS.—Esto no es tu casa, señorito de mierda. Este garaje lo arrendó la comunidad.

RAFA.—¿Lo arrendó? Pues yo no he visto todavía un duro de renta.

CRIS.—Tu padre nos lo cedió.

RAFA.—Mi padre ME lo cedió. A MI. No confundamos términos.

CRIS.—Bueno. ¿Y qué quieres? ¿Derecho de pernada?

RAFA.—Una taza como Dios manda.

JOSE.—Que sean dos. *(Desde el jardín, lenta, mayestáticamente, hierática y un tanto desgalichada, llega LAURA. Tiene dieciséis años y suele mascar chicle como si fuera una actitud ante la vida. Habla lo justo y no se estremece por nada.)*

RAFA.—Laura, vete a lo de Candi y compra unas tazas para el café.

LAURA.—*(Extendiendo la mano.)* Pasta.

CRIS.—No les hagas caso. En la caja no hay un duro, en el super debemos dinero de este verano, y todavía está por pagar lo de esta noche.

RAFA.—Por cierto, ¿qué víveres vamos a tener? ¿Caviar Beluga y Dom Perignon?

CRIS.—Sí, y un poco de James Bond en vinagre.

LAURA.—Champán catalán, y vas que te matas.

RAFA.—El vasquetematas me produce ardor.

LAURA.—¿Por qué hay que hacer café? En Nochevieja se toma chocolate.

RAFA.—¡Tiene razón Robert Mitchum! ¿Cómo no habéis caído?

CRIS.—¿El chocolate te lo tomarías en cazo?

RAFA.—Podría estudiarse. El chocolate es otra cosa.

CRIS.—Laura, tráete dos libras de chocolate.

LAURA.—*(Igual que antes.)* Pasta.

JOSE.—¡Joder con la espiritual! Di otra cosa alguna vez. *(Rafa se pone a hacer el macarra por el garaje, encogiendo los hombros, torciendo la boca y sacándose de los talones una extraña voz cascada.)*

RAFA.—¡Y tú también, joder, y tú también! ¡Que no podéis decir dos palabras sin decir «joder», ¡joder! ¡Y no hay quien lo aguante, joder!

LAURA.—¿Qué le pasa? *(Cris se encoge de hombros.)*

RAFA.—¡No me pasa nada, joder! ¡Que me tenéis harto, joder!... *(Súbitamente se endereza y recobra su porte y su voz habituales.)*... ¡Se me ocurra un juego!

CRIS.—Pues guárdatelo para esta noche.

JOSE.—Pero ¿no decías que a lo mejor no hacemos nada?

LAURA.—¿Por qué? ¿Por lo de Mari Angeles o por lo otro?

JOSE.—¿Tu también sabías lo de Mari Angeles?

LAURA.—Lo sabe todo el pueblo. Mi santa madre, quería, incluso, quitar el árbol de Navidad.

JOSE.—¿Por ...?

LAURA.—Ah, no sé, dice que el padre de la enana era un amigo de toda la vida.

RAFA.—¿Y qué?

LAURA.—A lo mejor piensa que el verde no es luto, yo qué sé, mi madre es muy rara.

JOSE.—Pues como les dé a todos por solidarizarse, va a ser verdad que nos joden la noche.

RAFA.—*(A Jose.)* Cinco duros.

JOSE.—¿Qué?

RAFA.—Que me des cinco duros. *(Jose rasca sus bolsillos, saca una moneda y se la da a Rafa, mientras los demás siguen hablando.)*

LAURA.—Si deciden no celebrar nada, nos podemos venir aquí antes. O sea, que no nos joden nada; al revés. Lo malo es lo de...

RAFA.—*(Interrumpiéndola bruscamente.)* Cinco duros.

LAURA.—¡Ay, pesao! ¿Para qué? ¿qué pasa?

RAFA.—Tú dame cinco duros.

CRIS.—*(Sacándolos de su monedero.)* Ten, ¿qué quieres hacer?

RAFA.—No. Tú, no. Esta.

CRIS.—¡Rafa, no empecemos con tonterías! ¿Cuánto necesitas?

RAFA.—Cinco duros.

CRIS.—¡Pues ya tienes los de mi primo!

RAFA.—Esos son otros. Ahora me tiene que dar los suyos Laura.

LAURA.—Los míos ¿de qué?

RAFA.—Los tuyos, venga. *(Laura, resignada, saca una moneda y se la da.)*

CRIS.—¿Y para qué coño son, a ver?

RAFA.—*(Rápido, a Cris.)* ¡Cinco duros!

JOSE.—*(Comprendiendo.)* ¡Ya! Cinco duros cada vez que soltemos un taco, ¿no? Ni hablar. Yo no pienso.

RAFA.—Esa es una gran verdad, pero no hace al caso. Cris, estoy esperando. *(Mientras habla, busca en derredor un recipiente para el dinero. Por fin, se decide por uno de los cazos.)*

24

CRIS.—Por mí te puedes sentar. Me parece una chorrada, y...

RAFA.—¡Diez duros!

JOSE.—*(Extrañado.)* ¿«Chorrada» paga doble?

RAFA.—No. Es que debe los cinco de antes. Venga, ¿no tenemos deudas de este verano? ¿No queréis nutrir la caja del club? Pues a pagar impuestos.

LAURA.—¿Y éste es el jueguecito que se te había ocurrido? Vaya una...

RAFA.—*(Cortándola.)* Necedad. Estulticia. Sandez.

LAURA.—*(Rebelde.)* Gi-li-po-llez.

RAFA.—¡Diez duros!

LAURA.—No me da la gana.

JOSE.—*(Uniéndose con entusiasmo a la causa de Rafa.)* ¡Diez duros! ¡Aprobado por unanimidad!

CRIS.—¿A qué le llamas tú unanimidad?

RAFA.—A lo que todo el mundo. Diez duros cada una, venga. *(José se apodera del cazo y se lo pasa a las chicas como un cepillo de iglesia, con voz de monaguillo.)*

JOSE.—¡Diez duros al bote! ¡Diez duros al bote!... *(Cris y Laura echan sus monedas al cazo, de mala gana.)*

JOSE.—¡Al final de la noche nos hemos hecho ricos! Podremos...

CRIS.—Podremos pagar lo que debemos. Si no, no juego.

JOSE.—Bueno, habrá para todo. ¡Qué buena idea, joder!

LOS TRES.—¡¡Cinco duros!!

JOSE.—¡Hombre...!

CRIS.—*(Apoderándose del cazo y plantándoselo delante a Jose.)* Ni hombre ni nada Cinco duros. *(Jose vuelve a extraer dificultosamente una moneda de los bolsillos de su chandal.)*

JOSE.—¡Vamos a tener que andarnos con un cuidao...!

RAFA.—*(A Laura, recordando de pronto.)* ¿Qué es eso que has dicho de si era por lo de la enana o por lo otro? ¿Qué otro?

LAURA.—Uno de esos tíos que brearon el otro día. Anda por el pueblo. *(Rafa y Jose cambian una rápida mirada.)*

JOSE.—*(Irónico.)* ¿No estaba en la UVI muy malito?

LAURA.—El que no. Tiene el brazo roto y la cara hecha un mapa.

RAFA.—¿Y qué es eso de que anda por el pueblo?

LAURA.—*(Cargada de razón.)* ¡Pues que anda por el pueblo! ¿No entiendes castellano?

RAFA.—¿Y qué hace? ¿Pasearse?

LAURA.—Tiene amigos aquí.

RAFA.—¿Amigos? ¿Qué clase de amigos?

LAURA.—¿Oye, quién es Robert Mitchum, tú o yo? ¡Yo qué sé qué clase de amigos! Serán de esos que alquilan un chalé entre varios. Esos que están cerca del super. Hay gente muy rara y huele a yerba a un kilómetro.

RAFA.—¿Qué más natural que el campo huela a hierba?

JOSE.—Esta está chalada. Ha visto a un tío con el brazo roto y ya se cree que es un yonki de aquéllos.

LAURA.—Es él. Lo saben en el cuartelillo, y el cabo se lo ha dicho a tu padre.

CRIS.—*(De nuevo desconfiada.)* ¿Y por qué al padre de éste?

JOSE.—*(Harto.)* ¡Porque se conocen de toda la vida y se habrán visto en el bar!

LAURA.—Tu padre se ha ido al cuartelillo a denunciar el robo del depurador, y por lo visto lo han estado hablando.

JOSE.—*(A Cris.)* ¿Lo ves?

CRIS.—Bueno, ¿y a nosotros qué nos importa que ese chico esté aquí?

LAURA.—Si viene en plan chulo...

JOSE.—Sí, hombre, viene solo y en plan chulo, ¿no? Con el brazo roto, solo, y en plan chulo. Es Supermán.

RAFA.—Mejor «Sólo ante el peligro».

JOSE.—Eso. Esta, con eso de que es Robert Mitchum, quiere hacer «Sólo ante el peligro».

RAFA.—No era Robert Mitchum.

JOSE.—¿Cómo que no?

CRIS.—Como que no.

RAFA.—Puede estar esperando a alguien. *(Laura asiente despacio, sin dejar de mascar.)*

CRIS.—Bueno, ¿no decís que lo saben en el cuartelillo? Ya estará la Guardia Civil pendiente.

LAURA.—Es Nochevieja.

JOSE.—¡Y tú la campana de Huesca! ¿Qué puede pasar, eh, qué puede pasar?

LAURA.—*(Encogiéndose de hombros.)* Yo no digo que pueda pasar nada. Yo sólo digo que si se enteran las familias y les entra el susto, nos pueden jod... estropear la noche. Eso es lo único que yo digo.

CRIS.—Pero ¿por qué?

RAFA.—*(Empezando a pasarlo muy bien.)* ¡Supón que llegan dos coches, con amigos del de la UVI! ¡Con cadenas, con navajas, con botellas rotas...!

JOSE.—*(Interrumpiéndolo.)* Sí, ya, con un misil de largo alcance. Venga, Rafa, no jod... perturbes.

RAFA.—Podría ser, ¿no?

LAURA.—Pues claro que podría ser. Tampoco es normal que se venga a pasar la Nochevieja precisamente a este pueblo.

JOSE.—¡Si es que no será el mismo!

LAURA.—Lo ha dicho el cabo.

CRIS.—¡Aunque lo haya dicho el cabo, aunque sea el mismo y aunque venga con tanques! ¿A nosotros qué nos importa? ¿Le hemos hecho algo? ¿Alguno de nosotros le ha hecho algo? ¿Por qué tenemos que tener miedo?

LAURA.—Con lo lista que eres, a veces pareces tonta, Cris, guapa.

RAFA.—¿Quién ha dicho que tengamos miedo?

CRIS.—¿Por qué parezco yo tonta, a ver, por qué?

LAURA.—Si ese fulano está esperando a una panda de macarras que viene a armar la de Dios, no van a ir escogiendo a quién le dan de hos..., a quién lastiman y a quién no lastiman.

RAFA.—*(Encantado.)* ¡Y nos van a lastimar vivos! A lo mejor, ni siquiera entramos en el año.

JOSE.—No digas estupideces.

LAURA.—La fiesta es después de las doce, así que entramos igual.

RAFA.—¿Qué doce?

JOSE.—¿Cómo «qué doce»? ¡Las doce!

RAFA.—Las doce de aquí no son las doce en Canarias, ¿eso lo has llegado a entender?

JOSE.—¡Sí! ¿Y qué?

RAFA.—Pues que va por ahí. Para nosotros, el año empezará cuando brindemos por él aquí, en el club. ¡Y a lo mejor no empieza! ¡A lo mejor no nos dejan que empiece! ¡Qué gozada, un baño de sangre!

LAURA.—Sí. Tú tómatelo a... No sé si se puede decir o no.

RAFA.—En la duda, abstente.

LAURA.—Bueno, pues a broma. Yo te digo que como vengan en plan chulo...

JOSE.—*(Hartándose.)* ¡Como vengan en plan chulo, se van a encontrar en la UVI, haciéndole compañía al otro!

RAFA.—*(Entusiasmado.)* ¡Un baño de sangre, un baño de sangre! ¡El primer año que no me aburro en Nochevieja!

CRIS.—¡Cállate!

LAURA.—¡Ay, sí! ¿Te quieres callar, guapo?

RAFA.—(*Burlón.*) ¡Laura! ¿No me digas que tú también tienes miedo?

JUAN.—¿Miedo de qué? (*Juan Gabriel entra a tiempo de oír la última frase, y su pregunta es puramente de introducción, no espera respuesta. Es un chico de diecinueve o veinte años. Viste muy bien, como Rafa, quizá sin el perfeccionismo clásico de éste. Presenta, ante la vida en general, una actitud de cansancio. Es introvertido, educado y afable. Tiene una indudable personalidad y una especie de encanto decadente.*)

JOSE.—¿Qué hay, Juan? (*Al verle, Laura y Rafa se dejan caer de rodillas, haciendo grandes aspavientos y reverencias. Cris se aparta, nerviosa y se empieza a quitar precipitadamente los rulos.*)

LAURA.—¡Es él, él mismo, in person! ¡Dios mío, no puedo creérmelo!

RAFA.—(*Al mismo tiempo.*) ¡Oh, Juan, oh, Juan Gabriel, no somos dignos de tu presencia! (*Juan Gabriel sonríe, acostumbrado a esas gansadas, y se acerca a coger un pitillo del cartón que Rafa habrá dejado sobre la barra, al entrar.*)

JUAN.—(*A Laura.*) Podéis alzaros, buena mujer.

LAURA.—No, no puedo, me he perturbado la rodilla.

JUAN.—¿Perturbado?

RAFA.—(*Por el pitillo.*) Te lo vendo. Muy barato. Sólo el diez por ciento de recargo.

JUAN.—¡No quiero un paquete, sólo quiero un pitillo!

RAFA.—Pues eso, te lo vendo, ¡no te lo vas a fumar gratis! Es del club.

JUAN.—¿Y qué? ¿Tan mal estáis de dinero?

JOSE.—Mal, no; peor. ¡Pero a partir de esta noche nos vamos a forrar!... Bueno, se van a forrar éstos, yo me voy.

JUAN.—(*Sin sorpresa ninguna.*) ¿Os volvéis ya a Madrid? ¿Antes de Reyes?

JOSE.—Me voy yo solo.

JUAN.—Ah... ¿Y eso? ¿Para estar de Rodríguez o para que te dejen estudiar en paz?

CRIS.—*(Burlona.)* Que no, hijo, ¡que se va de casa! Que ha cogido un cabreo y se va. Así vestido, además, ¿sabes?

JOSE.—*(Señalando una gran bolsa de marinero y haciendo burla a su prima.)* ¡Tengo ahí la ropa!

JUAN.—Pues vente conmigo. En principio, me sobra una plaza en el coche. Y a lo mejor, me sobran las tres.

CRIS.—*(Alarmada.)* ¿Te vas?

JOSE.—¿Y adónde te vas?

JUAN.—Iba a hacer un viaje con unos amigos. Hasta Italia, por la costa. Pero al final parece que se han rajado; así que si te apuntas tú...

JOSE.—¿Me lo dices de verdad?

JUAN.—Claro.

JOSE.—¿Y si luego se presentan tus amigos?

JUAN.—Son sólo un chico y una chica. De todas formas, sobra una plaza.

JOSE.—*(Haciéndose el gracioso.)* ¿Qué tal está la chica?

JUAN.—Bien. Pero no está libre.

JOSE.—¿A qué es la novia del otro chico?

JUAN.—Sí, ¿por qué?

JOSE.—Un pálpito.

JUAN.—¿Tienes pasaporte en regla?

JOSE.—Tengo todo. Ahí, en la bolsa.

CRIS.—¡José, no seas imbécil!

JOSE.—Y tú, no te metas donde no te llaman. *(A Juan.)* No sé qué plan llevaréis; yo sólo tengo cien mil pesetas.

LAURA.—¡Joder!

RAFA.—Cinco duros. *(Casi automaticamente, Laura mete en el cazo un billete y se lleva el cambio.)*

JUAN.—Serás el rico del grupo.

CRIS.—¿De dónde has sacado tanto dinero?

José.—Maté a una vieja el otro día.

Cris.—Lo digo en serio. *(Laura enarbola el cazo y señala con él a Juan...)*

Laura.—Habría que avisarle, ¿no?

Rafa.—¿A mi hermano? Da igual. No le sacas ni una perra.

Laura.—Oye, pues jugamos todos, o rompemos la baraja.

Rafa.—Aunque juegue. Este no ha dicho un taco en su vida. Ni una mala palabra a nadie, ni una impertinencia. Nada. Este, nada. Ni un duro.

Juan.—Lo malo es que mañana es fiesta y no me hace gracia que vayamos por ahí con dinero en efectivo.

José.—No es en efectivo; es un talón.

Rafa.—Cheque, cheque. Ya no se dice talón, niño.

Cris.—¿Pero es que te piensas ir mañana mismo?

Rafa.—Por eso se ha dignado venir a la sierra, mujer. Nochevieja familiar, ¿comprendes? «¡Al menos, pasa las fiestas con nosotros, hijo!» Mi madre llorando, mi padre mesándose los cabellos, y como éste es un santo, ¡un santo...!

Laura.—*(Sin dejar de mascar su chicle.)* ¿Cómo le aguantas?

Juan.—Mal. ¿No ves que me voy?

Laura.—*(Recordando algo duro de vivir.)* ¡Me acuerdo, cuando tuvo los helios aquellos!

Rafa.—Hilios, Laurita, hija. Eran hilios.

Laura.—Lo que sea: un pulmón jodido. *(Laura se da un golpe en la boca al escapársele la palabra y tira furiosamente una moneda en el cazo.)*

Laura.—¡Me voy a arruinar, coño! ¡Aaaaah! *(Y vuelve a echar moneda, muy rabiosa.)*

Juan.—¿Qué es eso? ¿Pagáis prendas?

Cris.—Se va a enfriar el café. ¿Quieres café, Juan?

Juan.—Bueno. *(Cris se sienta a una mesa, con intención de que Juan la siga.)*

RAFA.—No tenía el pulmón perturbado en modo alguno. Era una dolencia pasajera y me vino como Dios. Me tiré varios meses aquí, sin ir a clase, tratado a cuerpo de rey...

LAURA.—*(Como si fuera espantoso.)* ¡Y leyendo libros todo el santo día!

RAFA.—Menuda envidia os daba... *(Laura reparte los cazos del café. Con un ademán le indica a Juan que el suyo está en una mesa, junto a Cris.)*

LAURA.—Sí, sobre todo en verano, cuando te ponían a la sombra, en una tumbona, y los demás nos bañábamos en tu piscina.

RAFA.—No hay nada como ver a alguien bañarse en una piscina para perderle el respeto. Le perdí el respeto a la gente... Y a casi todo, por otra parte. Además cultivé mi espíritu.

LAURA.—Ya. Y te quedaste así.

RAFA.—¿Así, cómo?

LAURA.—*(Va a hablar y se arrepiente.)* ...No puedo. Me iba a costar un dineral. *(Rafa mira con aprensión el cazo que le está ofreciendo Laura.)* Venga, no seas cursi, tío.

JUAN.—*(Divertido.)* Cinco duros.

CRIS.—¡Pero si no lo he dicho!

JUAN.—Has dicho «tío».

CRIS.—¡Pero no he dicho «gilipollas», que es lo que iba a decir!

JUAN.—Peor. Lo que has dicho es peor: «Vale, tío.» «No te enrolles, tronco.» «Eso no mola, cuerpo.» «¿Tienes tate, colega?» «Sí, titi, no me comas el coco...» Espantoso. Absolutamente espantoso.

RAFA.—¡Apoyo la moción! ¡«Tío», paga cinco duros, «vale», otros cinco.

JUAN.—«Rollo», veinte.

JOSE.—*(Escandalizado.)* ¿Veinte?

Juan.—Como mínimo.

Laura.—Pues a mí me hacéis una lista para que yo me aclare. Porque me da la impresión de que no voy a poder hablar nunca más.

Rafa.—Eso que saldremos ganando.

Laura.—Que la haga el carroza... ¿Carroza se podrá decir, no?

Rafa.—Dentro de nada te vas a inflar. En cuanto nos corten el petróleo.

Jose.—*(A Juan.)* ¿Qué podemos hacer con lo del talón?

Rafa.—Cheque.

Laura.—¡Venga, José, déjalo ya! ¡Si no te puedes ir! Eres menor de edad.

Jose.—¿Yo? Soy el mayor de todos vosotros. Dieciocho tacos, guapa.

Rafa.—*(Por Juan.)* El mayor es éste.

Jose.—Tu hermano no es de esta panda. ¡Y además, no discutamos tonterías. *(De nuevo a Cris.)* ¿Quién te crees que me ha dado las cien mil pelas? Mi padre. Me hubiera dado autorización y lo que fuera. ¡Si te crees que le importa que me vaya!

Rafa.—¡Uy, uy, uy, cómo me ha sonado eso!

Jose.—*(Agresivo.)* ¿Cómo te ha sonado qué?

Rafa.—«¡Papáááá, ven a buscar nene. Nene, pupa. Nene, solito!...» Tú no te vas a ninguna parte. Esta noche, con las uvas, abrazos, besos...

Jose.—No pienso ir a casa, así que...

Juan.—¿No vas a cenar con ellos?

Jose.—No pienso.

Juan.—Pues eso me parece infantil. Si te vas, te vas; pero...

Jose.—Me voy, no. Ya me he ido. Esta noche he dormido aquí.

33

CRIS.—¿Y qué? ¿Qué harías si Juan no tuviera un viaje, eh, qué harías?

JOSE.—Irme a Madrid y empezar a buscar trabajo.

CRIS.—¡Trabajo! ¡Pues sí que está el patio...! Lo que tú quieres es que te contemplen y que te rueguen. O mejor, que tu padre se harte, te venga a buscar y te dé una buena mano de hos...

RAFA.—*(Cortándola a tiempo.)* ¡Shhhhh! Muy buena observación, pero por poco pagas tributo al cazo. Por cierto, no los quiero ver más, ¿eh? Lo primero que vamos a comprar con el dinero de las multas son...

CRIS.—¡Ay, que sí, pesao! No... perturbes más con los cazos.

LAURA.—¿Y qué más dará? Lo importante es que esté bueno el cafe.

RAFA.—*(A Juan, con complicidad.)* ¿Te das cuenta, qué asco? «Lo importante es que esté bueno el café.» *(A Laura.)* ¿Y el rito, y la ceremonia, y tu sentido de la estética?

LAURA.—*(Cargando las tintas en lo del chicle.)* ¿Mi qué?

RAFA.—¿Tu tomarías el champán en botijo?

LAURA.—*(Encogiéndose de hombros.)* No me gusta el champán.

RAFA.—*(De nuevo a Juan.)* Lo desagradable del diálogo con este tipo de gente es que de pronto te hacen un quiebro idiota y te dejan sin contestación.

LAURA.—No caéra esa breva.

JUAN.—*(Por el cazo.)* Pues son graciosos.

RAFA.—Sí, mucho, parecen de cuartel. *(Como un descubrimiento.)* ¡Eso es! ¡De cuartel! ¡De trinchera! ¡De falsa paz antes de la masacre! Hoy nos van como anillo al dedo, ¿eh chicas?

JUAN.—¿Por qué? ¿Os pensáis pelear?

LAURA.—No le hagas caso.

RAFA.—¡Nos amenaza una orgía de salvajismo y barbarie! ¡Moriremos jóvenes, como los elegidos!

JOSE.—*(Una vez más gracioso.)* ¡Y como Aceves Mejía!

RAFA.—Negrete. Jorge Negrete.

JOSE.—¿Qué?

CRIS.—Que no das una.

RAFA.—¡Una batalla feroz, que esta noche convertirá nuestra amable fiesta juvenil en...!

LAURA.—En un baño de sangre, sí. Venga, corta ya, que además no tiene gracia. *(A Juan, como para evitar que pregunte de nuevo.)* Son los hilios aquéllos, digáis lo que queráis. Se quedó así.

RAFA.—¡A brindar! ¡Por esta noche! ¡Porque sea una fiesta inolvidable! *(Se ha sentado junto a Cris y Juan enarbolando su cazo.)*

JUAN.—Brindar sin alcohol trae mala suerte.

RAFA.—No hay nada que traiga mala suerte, si uno no quiere.

CRIS.—¡Brindo por eso!

LAURA.—*(Sentándose con ellos.)* Y yo. Si es para que se calle antes, brindo por todo lo que quiera. Venga, Jose, tú también... ¿Porque no pase nada? *(Jose se une al grupo.)*

RAFA.—¡Al contrario! ¡Porque pase algo! ¡Lo que sea! ¡Porque tengamos una noche in-ol-vi-da-ble!

(Chocan los cinco cazos sobre la mesa y se inmovilizan así, congeladas, las figuras sobre las que desciende, o cambia, la luz. Al mismo tiempo, Mari Angeles, la niña que estaba fuera de la plataforma, se incorpora y recoge la frase de Rafa. Habla mirando al público, pero no es al público a quien se dirige, sino a una persona determinada, que no sabemos quién es.)

Mari Angeles.—Más inolvidable no pudo ser, ¿verdad? ¿Sabes una cosa? No me hago idea de que haya pasado ya un año. Ahora mismo, juraría que fue ayer cuando quedamos en volver a encontrarnos aquí en Nochevieja. No creí que vinieras... No, de verdad que no. Mientras me traía el autobús, me iba sintiendo como una boba, me daba hasta vergüenza. ¿Qué digo si me encuentro allí con alguien? ¿Que me manda mi madre a hacer cualquier cosa del chalé? ¡No podía decir que había quedado aquí contigo! Sobre todo porque si luego no estabas, menudo corte... ¿Sabes lo he hecho nada más bajar del autobús? Me he ido al cementerio a poner unas flores sobre la tumba de Rafa... Pobre Rafa... Todavía me cuesta creerlo... ¡Anda, que llevo un día! Esta mañana estuve oyendo una misa por mi padre. Yo normalmente no voy a misa, pero como era por mi padre... El caso es que él tampoco iba, pero si no es una misa, ¿qué vas a hacer cuando hace un año que se ha muerto tu padre? ¿Ves lo que te decía antes, del tiempo? De la muerte de mi padre me parece en cambio que hiciera veinte años. Veinte años echándole de menos a todas horas, aunque haya ratos que no me acuerde de él. Y, sin embargo, pasó todo el mismo día. ¡Qué día! ¿no? Nunca pasa nada, y de pronto... *(Se ríe divertida y se siente obligada a explicar.)* Me río porque me estoy acordando de la cara que pusiste cuando te dije aquello: «Por favor, ¿quieres hacer el amor conmigo?» ¡Qué cara! «Por favor, ¿quieres hacer el amor conmigo?» ¡Para que alguno te hubiera hecho una foto!... ¡Qué día! Y eso que yo me perdí la mitad. Por la mañana se habían reunido aquí todos, hasta Juan. Y se habían reído la tira, con Rafa, que decía que por la noche nos iba a atacar una panda de navajeros que iban a violar a los chicos y a degollar a las chicas, y Jose, tronchándose, que en todo caso sería al revés, y Rafa, que no; total, que se lo habían pasado genial charlando y diciendo idioteces hasta que Laura se dio cuenta de lo tarde que era.

LAURA.—*(Poniéndose en pie mientras consulta su reloj.)* Oye, no sé si sabéis que es casi la hora de comer. La nena se larga, no sea que la echen de casa, como a otros.

JOSE.—Si va por mi, a mí no me ha echado nadie. He sido yo el que...

CRIS.—*(Interrumpiéndole con un gesto de fastidio.)* Por fin, ¿qué se decide? Todos aquí, en cuanto nos libremos de la cosa familiar, ¿val...? ¿De acuerdo?

JOSE.—Sí, pero no tardéis, que yo me voy a chupar todo el día solo.

LAURA.—Tú lo que tienes que hacer es ir a cenar a tu casa.

CRIS.—No te empeñes, que no le convencerás; es muy burro. Como se le meta una cosa en la cabeza...

JOSE.—*(Con intención.)* Por lo visto, eso es cosa de familia. *(Al ponerse todos en pie, Juan Gabriel se dirige al abeto pintado, como si lo descubriera en ese momento. Se queda de espaldas a los demás, con evidente intención de que se vayan las chicas primero.)*

RAFA.—Entonces te subes ahora con nosotros. Aquí no te vas a quedar.

LAURA.—*(Desde la puerta.)* ¿Vamos?

JUAN.—¿Y esta obra de arte?

CRIS.—*(Remoloneando para no irse aún.)* ¿Tú vas a bajar luego, Juan? *(Rafa y Laura cambian una mirada divertida.)*

JUAN.—¿Qué? No sé, si no os parece que estoy de más...

LAURA.—Baja, hombre, baja. Necesitaremos una persona de respeto.

JUAN.—¿Ya empezamos faltando?... ¿Quién lo ha pintado?

CRIS.—¡Chus!

JUAN.—¿Chus?

Rafa.—Sí, hombre; Jesús Mari, el chico del Super, el pequeño.

Juan.—¿Ahora anda con vosotros?

Jose.—Somos demócratas.

Laura.—Tú te callas.

Cris.—¡Yo no sé las horas que se tiró el chico ahí sentado, con las tizas de las narices! Menuda labor de chinos.

Rafa.—De chinos borrachos, porque está torcido.

Laura.—Bueno..., si os quedáis, hasta luego. ¡Venga, Cris!

Cris.—*(Alejándose con Laura.)* ¡Que seais buenos! ¡Y que os pongáis muy guapos!

Jose.—*(Frotándose los brazos, helado.)* Deberíamos inventar algo para calentar esto un poco, porque la verdad es que hace un frío del... *(Rafa le interrumpe a tiempo agitando el cazo de las multas como si fuera una campanilla.)*

Jose.—... del padre y muy señor mío. *(Rafa, que observa a su hermano desde hace unos instantes, se decide a romper la situación.)*

Rafa.—¿Te pasa algo, Juan? *(Juan se vuelve y se enfrenta con Jose, ignorando absolutamente a Rafa.)*

Juan.—Ahora, al subir, le das ese cheque a mi padre. El te girará el dinero en su momento.

Jose.—Yo preferiría no mezclar a ningún mayor en...

Juan.—*(Muy duro.)* Lo que tú prefieras, da igual.

Jose.—*(Desconcertado.)* ¿Qué?

Rafa.—¿Qué pasa, Juan?

Juan.—*(Sin hacerle caso, siempre a Jose.)* Esta noche, después de las uvas, tú y yo haremos acto de presencia en esa mierda de fiesta que tenéis organizada aquí. Cuantas más personas nos vean, mejor. Y cuantas más sepan que te has peleado con tu familia, y que aprovechas mi viaje por casualidad, también mejor. A última hora nos largamos de aquí. Mañana, como muy tarde a la hora de comer, pasamos la frontera... Y eso sí, una vez pasada la frontera, te bajas de mi coche y que yo no te vuelva a ver en la vida. ¿Yo oyes, hijo de puta? En la vida.

JOSE.—*(Mirándole consternado.)* Pero...

RAFA.—Juan, a todos nos gustan mucho los shows, pero ¿no te importaría decir qué pasa?

JUAN.—*(Volviéndose por fin a mirarle.)* El chico que ingresó en la UVI ha muerto. Esta mañana. *(Jose, realmente impresionado, vuelve a dejarse caer en su asiento. Rafa, en cambio, mantiene la sonrisa. Con un poco de dificultad, pero la mantiene.)*

RAFA.—Qué barbaridad, parecía más resistente.

JUAN.—Por favor, cállate.

RAFA.—Lo único que digo...

JOSE.—¡Cállate, joder! *(Delicadamente, Rafa deja caer unas monedas en el cazo.)*

RAFA.—Os pago esta ronda... ¿Lo saben en casa? Lo nuestro, digo.

JUAN.—No.

RAFA.—Entonces, ¿cómo lo sabes tú?

JUAN.—No estaba seguro. Ahora ya estoy seguro.

RAFA.—*(A Jose.)* ¿Te das cuenta, qué astuto?

JOSE.—¡Te quieres callar!

RAFA.—Tengo una curiosidad. ¿Por qué te llevas a José y no a mí? ¿Te da igual que yo me meta en un lío?

JUAN.—A nadie le va a extrañar que éste se vaya. Que os fuérais los dos daría que pensar.

RAFA.—Sí, pero ¿por qué el y no yo? Yo también estaba.

JUAN.—El padre de éste está en el secreto, y el tuyo no. Y yo no quiero que lo esté.

RAFA.—*(Con una sonrisa burlona.)* ¡Qué bueno eres, Juan Gabriel! ¡Piensas en todo!

JUAN.—Si estás buscando que te parta la cara, no lo vas a conseguir.

RAFA.—¿Por qué? ¿Por mi salud, tal vez? ...Oye, ¿y los otros? Había otros, ¿sabes?, además de éste y yo. Claro que tampoco vas a fletar un autobús...

JUAN.—*(Harto.)* ¡Deja ya de hablar en ese tono o...!

RAFA.—*(Sonriente.)* ¿O qué? ¿En qué quedamos? Creí que eras contrario a la violencia.

JUAN.—*(Amenazador.)* ¡Rafa!...

RAFA.—¿Lo ves? Es cuestión de dar con el punto débil. Todo el mundo es violento en el fondo... No te enfades conmigo. ¡Si es que no sé hablar de otra manera! *(Lejos, como desde la casa, suena una campana que interrumpe la frase de Rafa.)*

RAFA.—... El rancho. *(Juan se encamina hacia la puerta.)*

JUAN.—Vamos.

JOSE.—*(Todavía hecho polvo.)* Id vosotros delante, mientras yo me cambio.

JUAN.—Súbete la bolsa y te cambias arriba.

JOSE.—*(Dócil.)* Mejor aquí, y evitamos comentarios, ¿no?

RAFA.—¿Y para qué te vas a cambiar? Entra en el comedor haciendo jogging. Ahora todo el mundo hace jogging entre plato y plato. *(Juan se aleja, furioso.)*... ¿Lo veis? No lo puedo remediar. *(Pasa un brazo por los hombros de Jose para llevárselo de allí.)* Venga, José, que se enfada el santo. *(Sola ya en escena, Mari Angeles sube a la plataforma y contempla despacio el garaje, como recreándose en el recuerdo.)*

MARI ANGELES.—No veas cómo estaba yo cuando llegué aquí. Después del entierro me tiré yo que sé las horas dando vueltas por Madrid, sin saber qué hacer. Venga a andar. Hasta que pensé que lo mejor que podía hacer era volverme a la sierra y venirme directamente al club. Así los mayores me dejarían en paz. *(Empieza a recoger los cazos y la cafetera que han dejado los otros.)* ...Precisamente iba a fregar las tazas que encontré de por la manaña cuando... *(La interrumpe Jose, que al verla se detiene en la puerta, sorprendido. La luz cambia con su entrada, estamos en el tiempo anterior.)*

JOSE.—¡Anda, coño!

MARI ANGELES.—Hola. *(Se miran un momento sin saber qué decir. Por fin, Mari Angeles se echa a llorar sin transición, desesperadamente. Jose se le acerca y la abraza.)*

JOSE.—Venga, enanita, venga. Echale valor, mujer... Como no le eches dos..., eso, valor. *(Como Mari Angeles sigue llorando, Jose chasca la lengua, muy paternal, y la lleva a sentarse.)* Bueno, di que sí. Llora. Llora todo lo que te dé la gana, que aquí está tu amigo Jose, en plan kleenex. *(En otro tono, revelando una gran capacidad de ternura.)* ...Es jodido, ¿verdad? *(Sin dejar de llorar, Mari Angeles se asiente furiosamente.)* ...Como si te acabaran de empujar desde un avión, y sin paracaídas. *(Sorprendida, Mari Angeles se aparta de su hombro y le mira.)*

MARI ANGELES.—...Sí.

JOSE.—*(Sonriendo, triste.)* ¡A quién se lo vas a contar!

MARI ANGELES.—¿A ti, por qué?

JOSE.—Porque hoy nos ha pasado a los dos lo mismo, enana. *Tu padre ha muerto y el mío, no.* Pero, por lo demás, es igual. Nos hemos quedado sin seguro.

MARI ANGELES.—¿Qué?

JOSE.—Que nos han hecho mayores de un plumazo. Y yo, *al fin y al cabo...; pero lo tuyo es muy jodido. (Mientras habla, saca del bolsillo un billete y se lo da a Mari Angeles.)* ..-Toma. Mete eso en aquel cazo rojo y tráeme cinco duros de vuelta.

MARI ANGELES.—*(Sin mucho interés.)* ¿Por qué?

JOSE.—Luego te lo explicarán. *(Sin pensar más en ello, Mari Angeles obedece.)*

MARI ANGELES.—Creí que no vendría nadie hasta lo menos las doce.

JOSE.—Vine a cambiarme. Tengo ahí la ropa.

MARI ANGELES.—¿Aquí? No sé si es que estoy sonada, pero no entiendo ni la mitad de lo que dices.

JOSE.—Te lo cuento mientras te llevo a tu casa.

MARI ANGELES.—No quiero ir a mi casa.

JOSE.—Pues deberías darte un baño y meterte en la cama.

MARI ANGELES.—Quiero quedarme a la fiesta. Es lo que a mi padre le hubiera gustado.

JOSE.—*(Explotando.)* ¡Claro! ¡Como al mío! ¡Son la generación de los simpáticos! «Hijo, yo para ti soy un camarada, un amigo más.» «Hijo, cuando yo me muera no se te ocurra llevar luto.» ¡Ni una responsabilidad quieren, los muy cabrones! ¡Ni una! ¡Ni la de que llores por ellos! Se sacuden más que un perro mojao. ¡Lo que tienes que pensar de ahora en adelante es en lo que te gusta a ti! Y te advierto que te va a costar mucho trabajo.

MARI ANGELES.—*(Muy segura.)* Ninguno. Quiero quedarme aquí y pasar la Nochevieja contigo.

JOSE.—*(Cogido de sorpresa, un poco incómodo.)* Bueno, pues si te apetece pasar la Nochevieja con nosotros, te vas a casa, te vistes de festejo y vienes después de las uvas, como los demás.

MARI ANGELES.—Te acabo de decir que no quiero ir a casa. Mi madre no se asustará. Cree que me he quedado en Madrid.

JOSE.—*(Yendo hacia la puerta con su bolsa de viaje.)* Entonces, vente conmigo a la de Rafa, y luego...

MARI ANGELES.—*(Interrumpiéndole.)* Jose, ¿puedo pedirte un favor?

JOSE.—*(Desde la puerta.)* Claro.

MARI ANGELES.—Ya sé que no te caigo muy bien, pero...

Jose.—No digas tonterías. Venga, ¿qué favor?

Mari Angeles.—¿Quieres hacer el amor conmigo? *(Jose se la queda mirando un momento, petrificado, como si no acabara de entender lo que ha oído. Por fin, una santa indignación le hace reaccionar.*

Jose.—*(Soltando la bolsa.)* No te doy dos bofetadas por lo que te ha pasado hoy, que si no...

Mari Angeles.—Te quiero.

Jose.—¿Tú? ¡Tú qué sabes!

Mari Angeles.—¿En qué quedamos? ¿No me acabas de decir lo contrario? ¿Que tengo que saber lo que quiero? Pues lo sé. Te quiero.

Jose.—Aunque fuera verdad. Una mujer decente no va por la vida diciendo...

Mari Angeles.—No quiero ser «una mujer decente». Quiero ser yo. Y yo te quiero. Y quiero hacer el amor contigo. Precisamente hoy. Precisamente aquí. Precisamente ahora. Si me quisieras, me lo habrías pedido tú a mí. Como sé que no me quieres, te lo he pedido yo. Y te lo he pedido por favor. *(Jose vuelve a coger su bolsa y se la echa al hombro. Es evidente que la situación, además de escandalizarle, le sobrepasa.)*

Jose.—Anda, pasa. Pasa antes de que acabe dándote las bofetadas a pesar de todo. ¡Joder, qué día, el completo! *(Jose sale, como si se llevase a Mari Angeles, pero sin que ella le acompañe en realidad. Mari Angeles vuelve a hablar mirando al público. Cambia la luz, estamos de nuevo en el tiempo presente.)*

Mari Angeles.—Sí que fue un día completo, ¡y tan completo!... *(Sentándose en el borde de la plataforma.)* Bueno, al fin y al cabo, como quería Rafa: una verdadera fiesta. *(Rafa surge de la zona de sombra y aparece tras el tablón que sirve de barra. El trae la luz del tiempo anterior. Lleva un smoking de terciopelo, impropio para la ocasión y para su edad, y una camisa blanca maravillosa.)*

RAFA.—*(Preparando el cóctel.)* ¿Esto, una fiesta? No tenéis ni idea de lo que es una fiesta. Yo tampoco, por otra parte. Pero, al menos, me lo imagino. Las verdaderas fiestas debieron de acabarse hace siglos. Lástima...

CRIS.—*(Cansada, un poco triste.)* ¿Y qué es para ti una verdadera fiesta? ¿Una orgía?

RAFA.—Si fuera eso... Lo de esta noche se ha parecido bastante a una orgía en algunos momentos.

CRIS.—¿Entonces, qué?

RAFA.—*(Encogiéndose de hombros.)* Algo trascendental, absoluto, y no este medio pelo... Algo auténtico, y no una caricatura.

CRIS.—¡Quién fue a hablar de caricaturas, vestido con un esmoquin de su padre!

RAFA.—*(Escandalizado.)* ¿De mi padre? ¿Tú ves a mi padre cabiendo aquí dentro?

CRIS.—No me vas a contar que es tuyo.

RAFA.—Por supuesto que es mío.

CRIS.—¿Y por qué?

RAFA.—¿Por qué, qué?

CRIS.—Que por qué vas de uniforme. De uniforme antiguo, además.

RAFA.—*(Sonriendo.)* ¿Y de qué crees que vas tú?

CRIS.—Ya... Pero el mío no es antiguo, por lo menos.

RAFA.—Mucho más que el mío. El tuyo es de trapera, y eso es de toda la vida.

CRIS.—Bueno, hay que vivir con los tiempos, ¿no?

RAFA.—Sí, pero con los de dentro. Si los encuentras.

CRIS.—¿Qué?

RAFA.—Que no sé por qué hay que vivir con los tiempos que marquen los grandes almacenes.

CRIS.—¿Dónde te has comprado tú el esmoquin? ¿En un estanco?

RAFA.—Yo no me pongo un esmoquin de confección. Me lo ha hecho mi sastre.

CRIS.—¡Ooooooh!

RAFA.—Sí. Ooooooh. Y además, yo no digo que no haya que comprar nada en los grandes almacenes, ni digo que haya que volver a la artesanía familiar, ni hacerse macribiótico, ni teñirse o no teñirse el pelo de verde... De hecho, yo no predico.

CRIS.—¡Ooooooh!

RAFA.—Sí. Ooooooh. A lo que no me presto es a que me vendan eso de la juventud como si fuera un jarabe.

CRIS.—*(Poniendo voz de spot publicitario.)* «¡Para ti porque eres joven!». *(Rafa le sirve un poco de la mescolanza que ha preparado mientras le sigue el juego.)*

RAFA.—«¡Una bebida jooooven!»... «¡Vístete jooooven!»... «¡Cálzate jooooven!... Y en resumidas cuentas, ¿sabes qué? «¡Jódete jooooven!» *(Cris se echa a reír, cansinamente.)*

CRIS.—Cinco duros.

RAFA.—¿Yo? Yo soy el de la idea, estoy exento.

CRIS.—Paga como cada quisque o me pongo a jurar en hebreo desde ahora mismo. Y corro la voz, además. *(Rafa le mete cinco duros por el escote sin que ella haga otra cosa que volver a sonreír.)* ... La fobia esa que has cogido con lo del lenguaje también es por lo mismo, ¿no? «¡Habla jooooven!»

RAFA.—Claro. Somos maravillosos porque tenemos jerga propia. Somos maravillosos, originales y libres. La mar de libres. Curiosamente, las jergas son tan uniformes como prospectos oficiales: los mismos que nos cantan los roqueros de las multinacionales, los mismos con que nos venden las camisetas y los refrescos, ¡tan jóooooovenes!... No. Yo no juego.

CRIS.—Querrás decir que lo intentas.

RAFA.—Está bien. Seamos humildes. Lo intento.

CRIS.—Y lo que te sale es ir de antiguo, de tradicional antiguo.

RAFA.—Prefiero ir de tradicional antiguo que de tradicional moderno. Y además tú no entiendes bien el matiz. ¿Sabes cómo iría yo a un cóctel de diplomáticos?

CRIS.—De gris marengo.

RAFA.—Vestido de gitana, naturalmente. *(Cris vuelve a hacer el esfuerzo de echarse a reír y le dedica un segundo estudio a las solapas del esmoquin.)*

CRIS.—Pues para mí que no es tuyo. Para mí que es uno de tu padre, arreglado.

RAFA.—¡Ya salió otra vez! Si en la lista de palabras tabú hubiéramos incluido la palabra «padre», a estas horas ya éramos ricos. ¡La una llorando porque se le ha muerto! ¡El otro emborrachándose porque se independiza del suyo! Y los demás igual, «mi padre esto», «mi padre lo otro», «mi padre, sí», «mi padre, no!». ¡Caray con el arquetipo, qué país!

CRIS.—Yo, que recuerde, no he dicho nada de mi padre en toda la noche.

RAFA.—Porque le sustituyes. La palabra no es más que un símbolo, alguien a quien adorar, a quien seguir, a quien temer un poco. Un verdadero taca-taca para no tener que andar solo, que es tan incómodo... Por cierto ¿te salió bien? ¿Has cubierto el puesto?

CRIS.— ...No.

RAFA.—¿Pero no vienes de estar ahí fuera con él?

CRIS.—Vengo de estar con él, ¿y qué?

RAFA.—¿Nada?

CRIS.—Nada.

RAFA.—*(Sincero.)* ...Lo siento.

CRIS.—Se aceptan las condolencias, y si no te importa hablemos de otra cosa.

RAFA.—*(Volviendo a su tono habitual.)* O sea, que tu padre no te impresiona, no has conseguido el novio que querías, y que yo sepa, no andas por ahí siguiendo a ningún líder. ¿Qué va a ser de ti lejos de casa, nena, qué va a ser de ti? ¡Vas a tener que ser libre! Qué horror, ¿no?

CRIS.—Venga, cuéntame lo de las fiestas y déjate de coñas. Sobre todo a costa mía.

RAFA.—Las fiestas deberían ser lo mismo.

CRIS.—¿Lo mismo?

RAFA.—Una liberación, un estallido... Algo que produjese una auténtica irrupción en esta vida idiota que llevamos todos. Una especie de... paroxismo de la existencia.

CRIS.—¡Ooooooh!

RAFA.—Sí. Ooooooh. Algo que destruyera esa especie de círculo que pintamos a nuestro alrededor para defendernos de los demás, ¿entiendes?

CRIS.—Pues mira, regular.

RAFA.—Zambullirse en la vida hasta el fondo, para resurgir completamente transformados. Eso es una fiesta.

CRIS.—*(Girando hacia donde se supone que están los otros.)* ¿Estáis oyendo, chicos?

RAFA.—Están a lo suyo, no te molestes. *(Sorprendido de que ella le tienda de nuevo la copa.)* ¿Quieres más de esta guarrada? ¿De verdad?

MARI ANGELES.—Y fue justo entonces, ¿no?... *(Dudando.)* No, no fue entonces porque me parece que Rafa ya no estaba en la barra. No, no, fue después. Seguro. Me acuerdo que ya estaba sentado en aquella mesa del rincón... *(En algún momento —no al mismo tiempo, por supuesto—, y desde lugares distintos, habrán surgido Juan y Jose y habrán ido a sentarse, de modo natural, a la mesa citada, también ellos*

*arrastrando su propia luz. Rafa, llevándose de la barra una
copa, va a reunírseles, también pausadamente.)* Eso, los tres en
aquella mesea. ¿Y quién quedaba además de nosotros? Bueno,
sí, Chus, el del súper, que no paraba de bailar cosas antiguas
con Laura... *(También durante el tiempo anterior una suave
música melódica habrá ido entrando, muy tenuemente. Laura
y Chus, un muchacho de unos diecisiete años, aparecen bailán-
dola, muy lentamente. Ella, como Cris, va vestida muy
disparatada y muy de fiesta. El, como Juan y Jose, lleva el
atuendo propio de una noche en la sierra.)*

MARI ANGELES.—*(Siempre recordando.)* ...Cris estaba preparando el chocolate, creo. *(Imperceptiblemente, la luz se ha
generalizado ya. Vuelven a ser un grupo y a estar todos en el
mismo sitio al mismo tiempo. Todos menos Mari Angeles, que
sigue sentada al borde de la plataforma.)* ¿Y yo? ¿Dónde
estaba yo en ese momento? ¡Fíjate si me quedaría de piedra
que ni me acuerdo!... *(En ese momento aparece Miguel en la
puerta del garaje. Miguel tiene diecinueve años y es muy
atractivo. Hay en él una mezcla de la vitalidad arrolladora de
Jose y la belleza un poco decadente de Rafa. Viste unos
vaqueros muy viejos y se abriga con un amplio poncho, cuyos
pliegues dejan ver su brazo escayolado. Su expresión es tensa y
provocativa. Al verle, Chus y Laura dejan automáticamente
de bailar. A Cris se le cae, estrellándose, la chocolatera de
barro que tiene en las manos. Los tres se le quedan mirando,
electrizados.)*

MARI ANGELES.—*(Por supuesto, sin mirarles.)* ...Cris rompió
no sé qué, y Laura dió un grito... ¿O no fue Laura? Y yo...
(se pone en pie, recordando de pronto.) ¡Ya sé dónde estaba
yo! ¡Donde los discos! ¡Buscando ese de mi padre que...!
*(Mientras habla, va decidida a ocupar su puesto al tocadiscos.
Se integra al otro tiempo, se vuelve bruscamente hacia Miguel
y al verle ahoga un grito.)*

MIGUEL.—Feliz Año Nuevo a todos. *(La luz desciende lentamente sobre las figuras inmóviles.)*

ESPACIO ESCENICO

En el segundo acto, el espacio escénico representará el mismo garaje y el mismo jardín que en el primero, pero como si fueran contemplados desde otro enfoque. Por ejemplo, la plataforma podría estar más atrás y algo más lejos del espectador, y haber girado su ángulo de orientación.

El jardín, que en el primer acto no habrá sido más que una presencia apenas sugerida, habrá ganado ahora un poco de terreno. Podemos ver un balancín de hierro que antes no veíamos. El mismo en cuya colchoneta floreada ha dormido José y que ahora se halla en su sitio.

Acostados en el balancín, Cris y Juan Gabriel, en penumbra, abrazados e inmóviles después del amor. En otro extremo del espacio escénico, también en el jardín, Laura y Chus, cuchicheando inaudiblemente, en actitud romántica. Están lejos unos de otros.

El recinto del garaje está completamente a oscuras, pero no se trata de una oscuridad real. En esos momentos se supone lleno de jóvenes bulliciosos, celebrándose en él la fiesta. La oscuridad total lo separa momentáneamente de la acción, aunque podría oírse, nunca de un modo realista, una lejana sugerencia de la música, las risas...

Fuera de la plataforma, en la misma actitud de observación que durante la representación del primer acto guardara Mari Angeles, se encuentra ahora Miguel, en el extremo opuesto al que ocupara ella.

SEGUNDO ACTO

CRIS.—*(Incorporándose y arreglándose maquinalmente la ropa y el pelo.)* ...¡Y yo que pensaba empezar el año triste y sin ganas de nada!... ¿Sabes una cosa? Cuando te he traído aquí sabía lo que quería, pero tenía un poco de miedo. No me imaginaba que podía ser así.

JUAN.—*(Acariciándola un poco distraído, como pensando en otra cosa.)* El amor es siempre así, Cris.

CRIS.—Pero yo tenía miedo. Ten en cuenta lo que me pasó.

JUAN.—Olvídate ya de esa historia.

CRIS.—No creas que es tan fácil.

JUAN.—Olvídala. El amor es siempre así. Ya lo verás.

CRIS.—*(Feliz.)* Bueno, la verdad es que estaba segura de que sería así... contigo.

JUAN.—Conmigo o con otro. Será así siempre que sea verdad.

CRIS.—*(Empezando a inquietarse.)* ...¿Contigo o con otro?

JUAN.—Eso he dicho.

CRIS.—¿Es una broma?

JUAN.—¿Una broma por qué?

CRIS.—Es que yo pensaba... *(Comprendiendo de pronto.)* Perdóname. Soy tonta... Te vas a marchar de todas formas, ¿no?

JUAN.—*(Mirando su reloj.)* En realidad, deberíamos habernos marchado ya.

CRIS.—*(Muy digna.)* Siento haberte entretenido.

53

JUAN.—*(Con cierto reproche.)* Cris..., ¿a qué viene esto? Tú ya sabías...

CRIS.—Soy tonta. Te lo acabo de decir.

JUAN.—Y vas a hacer que me sienta yo como un idiota.

CRIS.—Supongo que tengo que darte las gracias: «Gracias, Juan Gabriel, has sido muy amable, no tenías por qué molestarte.»

JUAN.—Cris..., por favor.

CRIS.—*(Triste de pronto.)* ¿No volveremos a vernos?

JUAN.—*(Divertido.)* Pero ¿por qué eres tan dramática? Claro que nos veremos. Nos hemos estado viendo desde que éramos niños, ¿no?

CRIS.— ...Ya.

JUAN.—Cris, escucha...

CRIS.—*(Muy burlona.)* ¡Por Dios, no vayas a llorar! Te sobrepondrás. Hay otras mujeres. No como yo, que soy divina, pero las hay. *(Ya en serio.)* ¿O no son las mujeres lo que a ti te gusta, Juan?

JUAN.—*(Sin alterarse lo más mínimo.)* Todas no, desde luego.

CRIS.— ...No te ha sorprendido la pregunta.

JUAN.—¿Por qué me iba a sorprender?

CRIS.—A la demás gente le sorprende.

JUAN.—¿Estás haciendo una encuesta?

CRIS.—No me has contestado, te has salido por la tangente.

JUAN.—*(Cada vez más divertido.)* ¿Y a ti qué más te da? Hemos hecho el amor. ¿No era eso lo que pretendías?

CRIS.—Pero no me quieres.

JUAN.—Pues claro que sí. Siento un gran cariño por ti.

CRIS.—O sea, que no me quieres.

JUAN.—*(Suspirando, un poco harto.)* Cris, ni tú a mi tampoco.

CRIS.—*(Indignada.)* ¿Que yo...? Mira, si no te importa, preferiría no discutir eso.

JUAN.—Y yo. Es un tipo de conversación que me pone enfermo.

CRIS.—Si no te quisiera, ¿qué habría venido a hacer contigo al balancín? ¿Qué te crees? ¿Que voy por ahí acostándome con todo el mundo?

JUAN.—Ya sé que no. Rafa cree que te horroriza la simple idea, desde que... *(Juan se interrumpe, comprendiendo que acaba de cometer un error. Cris se pone en pie, muy despacio, sin dejar de mirarle.)*

CRIS.—Así que era eso... Lo has hecho por eso.

JUAN.—*(Pacientemente.)* Cris...

CRIS.—Para librarme del trauma, ¿no?

JUAN.—¿Quién te crees que soy yo? ¿Teresa de Calcuta?

CRIS.—*(Haciéndole burla.)* «¡Pobre niña ultrajada! ¡Yo le enseñaré que el amor es otra cosa mientras hago tiempo para coger el tren!» Pues enhorabuena. Misión cumplida. Ya has hecho tu buena obra del día, y ahora... *(Juan la coge de la mano, a tiempo de impedir que se vaya.)*

JUAN.—Siéntate y no seas idiota.

CRIS.—Suelta.

JUAN.—No quiero. Siéntate.

CRIS.— ¿Para qué?

JUAN.—*(Obligándola a sentarse.)* Para estar conmigo. ¿No decías que te gustaba estar conmigo? ¿O si no es como inversión no te interesa?

CRIS.—No sé qué quieres decir con eso.

JUAN.—¿Has sido feliz esta noche?

CRIS.—¿Haciendo el amor? Sí, muchas gracias, muy amable.

JUAN.—¡Cris! Quiero decir todo el rato, hasta ahora mismo, cuando te has puesto a hacer planes de futuro.

CRIS.— ...Sí.

JUAN.—¡Pues entonces! ¿Por qué no eres feliz cada vez que la felicidad se te ponga a tiro, y te dejas de pamplinas?

CRIS.—No soy un gato.

JUAN.—¡Ya lo creo que sí!... Y además, ¿qué tienen que ver los gatos?

CRIS.—Según tu hermano, «viven en la deliciosa eternidad del instante».

JUAN.—Perfecto. Toma ejemplo.

CRIS.—¿Tú lo haces?

JUAN.—Sí.

CRIS.—¿Pero por qué, por qué? ¿Por qué no puedes pensar en crearte una familia, forjarte un porvenir, todas esas frases de siempre?

JUAN.—Todo el mundo va forjándose un porvenir, le guste o no. La única manera de no forjarlo es morirse, y esa resulta un poco drástica. Yo prefiero no pensar mucho en el mío, simplemente.

CRIS.—Es muy triste lo que dices.

JUAN.—No me cabe la menor duda.

CRIS.—¿Y para qué empiezas cosas que no van a durar?

JUAN.—«Durar» es una palabra que he borrado de mi vocabulario.

CRIS.—Pues yo no puedo. Me educaron con ella. Yo necesito construir cosas.

JUAN.—A mí también me educaron con ella, y la he borrado.

CRIS.—Pues es muy triste.

JUAN.—Ya te he dicho que sí.

CRIS.—Lo de este viaje... no es más que el principio, ¿verdad? No te vas sólo a pasear.

JUAN.—No te entiendo.

CRIS.—Habrá muchos viajes. Y cada vez más largos. Para que tu familia se vaya acostumbrando, ¿no es eso? Y un buen día desaparecerás del todo, y por estas fechas mandarás postales.

JUAN.—Podría ser.

CRIS.—¿Y eso es lo que quieres hacer de tu vida? ¿Gastarla por ahí dando tumbos?

JUAN.—¿Y por qué no?

CRIS.—¡Porque tú eres de aquí! Este país está empezando algo, y... *(Juan se ríe.)* ...Me da igual que te rías. ¡Estamos empezando algo!

JUAN.—¿Tú también?

CRIS.—Naturalmente. Yo quiero participar.

JUAN.—¿Ves? Acabas de emplear la palabra clave, participar. Yo, en cambio, no quiero participar. En nada.

CRIS.—No, si va a tener razón mi tío.

JUAN.—¿Qué dice tu sacrosanto tío?

CRIS.—Que los jóvenes no tenemos estímulos, que estamos desencantados.

JUAN.—Muy bien, ahora ya sé lo que dice él. ¿Y tú? ¿Qué dices tú?

CRIS.—De acuerdo. Siempre estoy con mi sacrosanto tío a vueltas, pero conste que lo hago sobre todo por jorobar a Jose.

JUAN.—Si para encontrar estímulos hay que ir por la vida como tu primo Jose, prefiero seguir desencantado.

CRIS.—... Jose es un buen chico.

JUAN.—Claro. Eso es lo malo. A los buenos chicos con estímulos sólo se les ocurre la guerra santa. Con cualquier bandera, pero la guerra santa. Mira, ya han desenterrado la del Islam. No me extrañaría que cualquier celoso cristiano empezase a organizar cruzadas un día de éstos. Sin contar con las ideológicas, que ahí siguen, más idiotas y más virulentas que nunca, entreteniendo al personal. Todas organizadas por esos buenos chicos que tú dices.

CRIS.—A lo mejor es que también están desencantados.

JUAN.—Pues mientras no haya algo más tranquilo que los encante, yo me abstengo.

CRIS.—¿De qué?

JUAN.—De todo. Para no caer en tentaciones, puedo hacer lo que tú me has dicho: no parar mucho en ningún sitio, o sea viajar.

CRIS.—¿De la cosa turística o de la cosa del porro?

JUAN.—Empezaré con la turística, que es más original.

CRIS.—¿Y no te haría arreglo llevarme a mí contigo?

JUAN.—No. Tú tienes muchas cosas que hacer. Este país está empezando no sé qué cosa, y por lo visto tú quieres participar.

CRIS.—Lo digo en serio.

JUAN.—Verás lo que vamos a hacer: tú te quedas aquí luchando por ese luminoso amanecer y siendo mi contacto, ¡mi faro en medio de las tormentas!

CRIS.—Joder.

JUAN.—Cinco duros.

CRIS.—Sí, estás listo.

JUAN.—¿Cuántos llevas perdidos por multas?

CRIS.—Ni se sabe, pero la que se lleva la palma es Laura.

JUAN.—Lo de Laura es de psiquiatra.

CRIS.—Hombre, tampoco es eso; tacos decimos todos.

JUAN.—Pero tú no te has levantado ahora y has corrido a echar cinco duros al cazo.

CRIS.—Estaría bueno, estamos en privado.

JUAN.—Ella lo habría hecho. Me he estado fijando. De vez en cuando se acerca al cazo y echa un montón de monedas. Y no sólo eso; cuando algún otro cae en pecado y se hace el sueco, le regaña y le obliga a pagar.

CRIS.—Sí. Mi primo me hace igual, tiene gracia.

JUAN.—Yo no creo que tenga tanta.

CRIS.—¿Por qué no?

JUAN.—Por lo que significa. Llega un carismático de éstos, como mi hermano, y se inventa un deber, el que sea. Y en seguida ya te encuentras con una serie de fanáticos que no sólo lo cumplen, sino que lo cumplen sin pensar. Y empiezan a mirar mal a los que no lo hacen... ¿Te das cuenta de adónde puede llevar eso?

CRIS.—Mientras la gente siga desencantada como tú, a ningún sitio. Ni para bien ni para mal.

JUAN.—*(Echandose a reir.)* ¡Touché!

CRIS.—Entonces..., ¿sólo te veré cada cuatro años, cuando tengas que venir a votar?

JUAN.—Pues sí que has ido a decir una cosa...

CRIS.—¿No piensas votar? Y yo que estoy deseando tener la edad.

JUAN.—¿Para votar a quién?

CRIS.—Lo de menos es a quién. Lo importante es tener derecho a hacerlo, sentirte persona.

JUAN.—¡Ah, sentirse persona!... Y yo que creí que eras inteligente.

CRIS.—¿Qué es lo que no te parece inteligente?

JUAN.—«Gobierno por consentimiento de los gobernados», ¿no es eso?

CRIS.—¿Te parece poco?

JUAN.—Me parece mentira. Ya lo es. Siempre se queda en dos o tres alternativas prefabricadas al gusto de unos pocos.

CRIS.—Menos da una piedra. Hay cosas peores.

JUAN.—¡Ya lo creo! Que mientras tú, o yo, o quien sea, se imagine que está decidiendo su porvenir, algún organismo paramilitar, que ni tú ni yo conocemos, ni por supuesto hemos elegido, esté enviando «consejeros especiales» a un distante lugar que ellos llaman «crítico», para prepararnos el próximo infierno. O que algún comandante de submarino, al que tampoco hemos elegido ni tú ni yo, dirija una nave con armamento capaz de desencadenar el mayor de los horrores, e intente decidir, por razones que desconocemos tanto tú como yo, si ha llegado el momento, que ni tú ni yo elegiremos, de apretar el botón. ¡Y todo esto ni siquiera se me ha ocurrido a mí! Lo he leído. Y a lo mejor es mentira. A lo mejor me lo han hecho leer para que yo mismo apriete quién sabe qué botón, quién sabe cómo, quién sabe cuándo... Eso es lo que llaman ser «ciudadano consciente y libre». Pues muchas gracias. Paso de.

CRIS.—¡Lo pintas de un negro, hijo!

JUAN.—Como lo veo.

CRIS.—En cualquier caso, algo habrá que hacer.

JUAN.—¿En qué sentido?

CRIS.—Pues no sé. No digo que intentes cambiar el mundo, ya que te pilla tan desganado, pero... Con tus teorías, la civilización se acabaría yendo a la mierda.

JUAN.—¿De qué hablas exactamente cuando dices «la civilización»?

CRIS.—De la civilización.

JUAN.—¿Una cosa abstracta que has leído por ahí? ¿O un modo de vida que compartes y defiendes?

CRIS.—Supongo que las dos cosas.

JUAN.—A mí es que me tiene sin cuidado que se vaya a la mierda, me parece que hace mucho que está allí.

CRIS.—Ya. No tiene nada bueno, ¿no?

JUAN.—Sí, y lo bueno quedará. Pero el resto, la gran muralla, desaparecerá.

CRIS.—«¿Lo que el viento se llevó?»

JUAN.—Exactamente.

CRIS.—Bueno, ¿y qué va a pasar? ¿Qué hay que hacer?

JUAN.—Si yo lo supiera... Pero lo de que no te quepa duda es de que o saltamos todos por los aires cualquier día, o esto que ahora aún nos parece inamovible y monolítico pega un cambiazo radical... A lo mejor es eso lo que me voy a buscar por ahí. Gente rara que se invente una nueva era.

CRIS.—¿Gente rara?

JUAN.—Como los primeros cristianos, por ejemplo. En principio, fueron como una contracultura. Y puede que sea de grupos como fue aquel, con un descontento radical, con una necesidad profunda de renovación, de donde nazca una nueva forma de vivir, más normal, mejor, más comprensible.

CRIS.—¿Y de qué vas a comer?

JUAN.—Eso es lo de menos.

CRIS.—De tu familia, ¿no?

JUAN.—¿Te parece mal?

CRIS.—¡Claro que me parece mal! *(Divertido, Juan remeda un tono de discurso.)*

JUAN.—«¡No vale renegar de la sociedad de consumo y seguir consumiendo, porque entonces no se trata de acabar con ella, sino de no contribuir, simplemente!... *(Cris sonríe.)...* ¡Es muy cómodo convertirse en parásito de la misma sociedad que se condena!»... Tu sacrosanto tío.

CRIS.—¿Y no se te ha ocurrido pensar que puede tener razón?

JUAN.—¿Qué me dices de todos los parásitos forzosos que andan muriéndose de asco por ahí?

CRIS.—¿Los parados, quieres decir?

JUAN.—Claro. *(Cris se queda mirando a Juan con una gran ternura.)*

CRIS.— ...Lo pasas muy mal, ¿verdad?... Me gustaría tanto poder ayudarte.

JUAN.—A mí también me gustaría poder ayudarte a ti.

CRIS.—Ya lo has hecho.

JUAN.—No. Me parece que he puesto las cosas peor que estaban.

CRIS.—No seas tonto, claro que no. Es que hace un rato me he portado como una cretina, pero... *(Juan le sonríe, haciéndole una caricia.)*

JUAN.—Ya no me acuerdo.

CRIS.—Pues yo sí, quería decirte que... A ver si lo sé explicar... Yo no soy tan pesimista como tú. Bueno, es que yo no soy pesimista. Para nada. A mí me parece que algo...

JUAN.—¿Va a empezar?

CRIS.—Sí. ¡Y no sólo aquí, muermo!... Y además, mientras en el mundo siga habiendo personas, y haya dos que... Bueno, no sólo dos... Un número de personas que sientan algo como lo que... Bueno, me estoy liando. La verdad es que sólo quería darte las gracias. *(Muy sincera, con emoción.)* Gracias, mi amor. *(Recobrándose en seguida.)* No vengas conmigo, ¿quieres? Nos mirarían todos y gastarían coñas, y a la mínima puedo matar a alguno, así que... Te quedas aquí un rato, te fumas un pitillo y luego entras como si nada. ¿De acuerdo? *(Le besa suavemente y se aleja hacia la oscuridad. Antes de desaparecer del todo, se vuelve un momento hacia él con una sonrisa triste.)* ...¿Sabes qué te digo? Que me has puesto en guardia, que a mí no me van a hacer apretar un botón que yo no quiera ni Dios. Y voy a participar, Juan. En todo. *(Cris se pierde en la oscuridad. Juan enciende un cigarrillo y vuelve a echarse en el balancín para fumárselo plácidamente. Al mismo tiempo, Laura y Chus se incorporan y miran al público, como quien trata de distinguir en la oscuridad.)*

LAURA.—¿Qué?

CHUS.—Nada. Ahí sigue. Lleva tres pitillos desde que se ha ido Cris. Tres que yo haya contado, claro. Debe de llevar muchos más.

LAURA.—Va a contraer una pulmonía como persista en esa actitud.

CHUS.—Sí pasamos por delante así, como el que no quiere la cosa, a lo mejor se va para adentro.

LAURA.—No albergues falsas ilusiones. Continuará donde está hasta que despunte el día.

CHUS.—Pues no hay derecho. El balancín no es un monopolio.

LAURA.—Bueno, no debemos olvidar que, al igual que el jardín y aledaños, todo esto pertenece a su familia.

CHUS.—¿Qué hacemos? ¿Volvemos a la tapia?

LAURA.—Sería más prudente resignarnos de una vez por todas a la promiscuidad del interior. Ya se ha despejado mucho. Buena parte de los asistentes se ha retirado ya a sus hogares. Por lo que he podido observar al pasar, sólo quedan unos pocos íntimos.

CHUS.—Ya. Y entre los íntimos, Jose, con una tajada de no te menees.

LAURA.—¿Eres acaso de la Liga Antialcohólica para afear así su proceder?

CHUS.—A mí, como si se baña en formol.

LAURA.—¿Entonces?

CHUS.—Le suelen dar peleonas. Y es muy capaz de decirte cualquier tontería sólo por molestar. Y como a partir de hoy me tendré que partir la cara con el primero que te diga una tontería, prefiero que el primero sea otro.

LAURA.—¿Motivo de esa preferencia?

CHUS.—Que yo no tengo media bofetada y el Jose es un cachas.

LAURA.—Aprecio en lo que vale la sinceridad de tu postura, pero antes de erigirte en el que se parte la cara por mí creo que deberíamos conocernos mejor. Te recuerdo que no éramos de la misma pandilla y que hasta esa noche no habíamos departido largo y tendido en ninguna ocasión.

CHUS.—¡Pues precisamente para que podamos departir largo y tendido llevo yo un año esperando que se quede libre el balancín!

LAURA.—Te agradecería que no interpretases mal mis palabras, que no son sino fruto de una depurada decantación del lenguaje. Cuando digo «tendido»...

CHUS.—Sólo quieres decir largo. No te preocupes, que no soy ningún aprovechao. Todo llegará, no tengo prisa.

LAURA.—Observo que sí no se te puede tachar de aprovechao, sí se te podría tildar de optimista.

CHUS.—¿Por qué? ¿No te gusto? ¿Ni siquiera un poco?

LAURA.—¿De veras supones que celebro la llegada del nuevo año pasando un frío insólito y a todas luces innecesario porque me resultas desagradable? *(Chus sonríe, Laura también. Se besan.)*

CHUS.—*(Separándose de ella bruscamente.)* Despídete del balancín, ahí vuelve Cris.

LAURA.—La jodimos, tía Paca. *(Se echa a reír dándose golpes en la boca.)* ¡No tengo arreglo, es inútil, no tengo arreglo!

CHUS.—Mejor. Como sigas hablando como antes te vas a quedar tonta. ¡Calla, que nos van a oír!

LAURA.—Sí, hombre, al otro lado del jardín! ¿Les oyes tú a ellos?

CHUS.—¡Anda la mar!

LAURA.—*(Intentado ver en la oscuridad.)* ¿Qué pasa?

CHUS.—No es Cris.

LAURA.—¿No?

CHUS.—No. *(La luz abandona a Laura y a Chus. La que surge ahora de la oscuridad es Mari Angeles. Chus le pasa un brazo por los hombros a Laura y ella a él por la cintura, y se van alejando así, cuchicheando inaudiblemente entre ellos, durante la escena entre Juan Gabriel y Mari Angeles. Esta contempla un momento el jardín con una falsa actitud de mujer madura y cansada, hasta que de pronto descompone la figura y se va deslizando lentamente hacia el suelo, quedando allí encogida y llorando suavemente. Juan Gabriel, que ha permanecido silencioso en la oscuridad, empieza a chistarle.)*

JUAN.—*(A media voz, como un cómplice.)* ¡Shhhh!... ¡Eh, señora!... ¡Señora!... *(Mari Angeles se sobresalta, volviéndose hacía él y secándose rápidamente las lágrimas.)*

MARI ANGELES.—¿Quién eres?

JUAN.—San Gabriel el Anunciador.

MARI ANGELES.—Ah, eres tú... He salido a que me diera el aire. ¡Ahí dentro hay un humazo!... Creí que te habías ido a dormir.

JUAN.—¿Y tú, enanita? ¿Por qué no te vas a dormir?

MARI ANGELES.—Estoy esperando el chocolate.

JUAN.—Hacerse la fuerte está muy bien, pero no hay que pasarse.

MARI ANGELES.—No me hago la fuerte, soy fuerte.

JUAN.—¿De verdad?

MARI ANGELES.—Sí. *(Juan se apoya sobre un codo para incoporarse a mirarla.)*

JUAN.—¿Y por qué llorabas hace un momento?

MARI ANGELES.—¿Y por qué no? Hoy me ha pasado de todo.

JUAN.—¿Qué más te ha pasado? Ven, cuéntamelo... ¿O no tienes ganas de conversación?

MARI ANGELES.—No hace falta que te molestes por mí, Juan. Estoy bien.

JUAN.—¡Todo el mundo está reticente esta noche! ¡Nadie quiere que me moleste! *(Sentándose del todo.)* No es ninguna molestia, señora. Me encantará charlar con usted un ratito. Lo que no me apetece es entrar ahí. Anda, ven, cuéntame tus cuitas.

MARI ANGELES.—*(Sentándose junto a él.)* Ya estoy mejor.

JUAN.—¿De verdad?

MARI ANGELES.—Sí. Te advierto que he estado bastante bien toda la noche. Ha sido ahora mismo, que me he empezado a poner fatal... No sé, una angustia, un ahogo, fatal.

JUAN.—Esta hora es terrible.

MARI ANGELES.—¿El amanecer?

JUAN.—Sí. Es cuando las depresiones se hacen más profundas. La hora del desánimo y del miedo.

MARI ANGELES.—¿Eso es verdad o simbólico?

JUAN.—*(Sonriendo.)* Las dos cosas seguramente.

MARI ANGELES.—Puede ser. Si oyes a mi madre, ella no volvería a tener mi edad por nada del mundo; en cambio, mi padre dice... *(Se interrumpe, quebrándosele la voz.)* ...decía.

JUAN.—Sigue.

MARI ANGELES.— ...No puedo acabar de creer que ya no le veré más. Que se ha muerto lo sé, lo acepto, pero que nunca más..., nunca, nunca más le voy a volver a ver... Es absurdo. Como si de pronto desaparecieran todos los árboles o algo así.

JUAN.—Si te digo que se te pasará, ¿te enfadarás conmigo?

MARI ANGELES.—Uno se puede morir en cualquier momento, ¿te das cuenta?

JUAN.—Bueno, eso es algo que sabemos desde el principio.

MARI ANGELES.—Oímos que lo dicen, pero saberlo de verdad, no lo sabemos. Yo lo he sabido hoy. Y tengo miedo. ¿A ti no te da miedo la muerte?

JUAN.— ...No. Creo que no. A mí lo que me da miedo es la vida.

MARI ANGELES.—¿Por qué? *(Juan se encoge de hombros.)* ...¿Es verdad que Jose se va contigo?

JUAN.—Sí, pero no te preocupes, volverá.

MARI ANGELES.—¿Quién te ha venido con cuentos? ¡En este pueblo no se hace más que cotillear!

JUAN.—Tampoco es para molestarse. No tiene nada de particular que te guste un chico.

MARI ANGELES.—Tampoco tiene nada de particular que se haya muerto mi padre. Son cosas que pasan. Todos los días. Pero como a mí sólo me pasan las mías, me parecen de lo más particular. Las dos cosas más terribles del mundo.

JUAN.—El amor y la muerte.

MARI ANGELES.—*(Violenta.)* ¡No te lo tomes a cachondeo!

JUAN.—*(Dulce.)* Lo he dicho muy en serio.

MARI ANGELES.—Perdona. Estoy un poco borde.

JUAN.—Para eso estan los amigos.

MARI ANGELES.—Esa es la otra palabra.

JUAN.—¿Borde?

MARI ANGELES.—Amigos. Eso que has dicho del amor y la muerte. Te ha faltado la amistad.

JUAN.—No me ha faltado, al decir el amor...

MARI ANGELES.—Gracias.

JUAN.—No hay por qué darlas, señora.

MARI ANGELES.—Yo creo que sí. De toda esa mano de cretinos, no me toma en serio ninguno. Con eso de «la enana, la enana», se creen que ni siento ni padezco. En cambio, tú...

JUAN.—*(Bromeando.)* Yo es que soy muy mayor.

MARI ANGELES.—Será eso... Es una pena que te vayas.

JUAN.—Sobre todo llevándome a Jose, ¿no?

MARI ANGELES.—Que no seas pelmazo, que ya no me importa Jose.

JUAN.—¿No? Apostaría a que acabáis en boda.

MARI ANGELES.—Eso sí que no. Yo no me pienso casar.

JUAN.—¡Ah! ¿Puedo saber por qué?

MARI ANGELES.—Pues porque no. No soy partidaria.

JUAN.—No será sólo porque tus padres se equivocaron.

MARI ANGELES.—*(Sorprendida.)* ¿Se equivocaron?

JUAN.—Quiero decir que como su matrimonio no resultó...

MARI ANGELES.—¿Ah, no? ¿Y yo qué? Su matrimonio resultó muy bien mientras duró. Fueron muy felices. Y cuando ya no lo eran, lo hablaron y decidieron separarse. Ya me contarás tú en qué se equivocaron.

JUAN.—Perdón, señora, perdón. Yo pienso lo mismo que usted, no me avasalle. Me parece perfecto que cada cual viva como crea que es mejor... Siempre que no me quiera matar a mí, si hago otra cosa, claro.

MARI ANGELES.—Que no te mate nadie no está en tu mano. Pero no matar a nadie tú, sí lo está. Empieza por ahí.

JUAN.—*(Después de observarla con cierta sorpresa.)* ...Me gusta como eres, Angeles.

MARI ANGELES.—¿Qué has dicho?

JUAN.—Que me gusta como eres.

MARI ANGELES.—No, eso no. Lo otro.

JUAN.—Te he llamado Angeles. *(Ella se queda un momento pensativa, como saboreando su nuevo nombre.)*

MARI ANGELES.—Claro, eso es... Angeles. Eso es... Juan, ¿me podrías hacer un favor?

JUAN.—*(Incorporándose.)* Sí, ¿te llevo a casa?

MARI ANGELES.—No.

JUAN.—¿Qué favor?

MARI ANGELES.—¿Quieres hacer el amor conmigo? *(Tras mirarla en suspenso un momento, Juan se echa a reír. No es una risa convencional, sino una auténtica carcajada que Mari Angeles, muy digna, aguanta sin pestañear.)*

MARI ANGELES.—Di que no, pero no te rías de mí por lo menos.

JUAN.—*(Sin dejar de reírse.)* No es de ti, palabra que no. Me río de mí mismo.

MARI ANGELES.—Ya me explicarás por qué.

JUAN.—Pues no. No creo que te lo explique.

MARI ANGELES.—No te habrás enfadado, por lo menos.

JUAN.—Sí, un poco. Conmigo mismo también. Siempre que quiero hacer una buena obra, me equivoco de destinatario.

MARI ANGELES.—No te entiendo.

JUAN.—Ni falta que hace. Anda, vamos a que nos den el famoso chocolate y se termine la Nochevieja como manda la tradición.

MARI ANGELES.—*(Divertida.)* ¡Es verdad! Se está terminando y por fin no han venido los navajeros.

JUAN.—¿Qué navajeros?

MARI ANGELES.—Esos que iban a venir a matarnos a todos.

JUAN.—*(También divertido.)* ¿Qué tontería es esa?

MARI ANGELES.—¿No sabes que el otro día, no sabemos quién de este pueblo, les dio una paliza a dos navajeros y que uno está en el hospital? Pues por lo visto el otro anda por aquí, rondando y...

JUAN.—*(Que se ha puesto serio.)* El chico del otro día ya no está en el hospital, ha muerto. Y desde luego no era un navajero.

MARI ANGELES.—¿Que no? ¿Pues entonces por qué decían que venía una panda de ellos a...?

JUAN.—¿Quién te ha contado esa estupidez?

MARI ANGELES.—Lo estaban diciendo todos. ¿No has oído a tu hermano?

JUAN.—Ya se ha ocupado él de que yo no le oyera. ¡Navajeros! ¡Lo que me faltaba por oír!

MARI ANGELES.—¿Por qué?

JUAN.—¿Ha habido un incendio? Pues un rayo. Así nadie tiene la culpa.

MARI ANGELES.—¿Un rayo? No te entiendo.

JUAN.—¿Qué significa un delincuente para la gente como nosotros? Nada. ¿Qué sabemos de su mundo, de sus problemas? Ni una palabra. Para la sociedad no cuentan, no existen, no son personas. Son cataclismos, catástrofes. Cualquier cosa que pase, con delincuentes por medio, se convierte en un accidente. Como si te atropellara un camión, igual que a tu padre.

MARI ÁNGELES.—No te entiendo.

JUAN.—¿No te das cuenta? «Ha habido un encuentro con unos navajeros. Qué horror, antes esas cosas no pasaban... Uno ha muerto. Dicen que había otro, a lo mejor varios, pero no se ha vuelto a saber nada. Qué barbaridad, ¿no?» Y punto. Se lamenta el hecho y carpetazo.

MARI ÁNGELES.—Bueno, ¿y tú por qué te pones así?

JUAN.—Porque ésta no ha sido una historia de maleantes, enanita. No ha habido maleantes en este ajo. Esta es una historia mucho más conocida y mucho más irritante. Una historia de señoritos chulos que cuando van en manada se sienten en el machito y deciden quién les gusta y quién no les gusta.

MARI ÁNGELES.—Y al que no les gusta...

JUAN.—Al que no les gusta, lo revientan a golpes. Y a veces se les va la mano.

MARI ÁNGELES.—¿Eso es lo que ha pasado?

JUAN.—Sí. Y tú no vas a volver a hablar de ello, ¿me oyes? Ni un comentario. Nada.

MARI ÁNGELES.—Bueno..., ¿pero si es verdad que vienen?

JUAN.—¿Que viene quién?

MARI ÁNGELES.—Laura dice que el otro, el del brazo roto está aquí... Y si se ha traído a la banda...

JUAN.—¿Es que no te quieres enterar? El chico que murió en el hospital no tenía siquiera antecedentes penales. Era un pobre chico. Inofensivo. Y no pertenecía a ninguna banda.

Mari Angeles.—¿Y el otro?

Juan.—Y yo que sé. Se esfumó y no ha presentado denuncia en ninguna parte. ¡Vete tú a saber quién será el otro!

Miguel.—Tampoco fue tan fácil presentarme aquí, ¿eh? Pero era una tentación, un farde insólito. Entrar así, sin más, y, ¡hala!, «Feliz Año Nuevo a todos. *(Mari Angeles y Juan, que habrán quedado a oscuras en cuanto empieza a hablar Miguel, se van alejando con naturalidad hacia el garaje. Miguel sigue fuera de la plataforma, aislado de los otros, y habla mirando al público como hiciera Mari Angeles en el primer acto.)*

Miguel.—Cuando entré me tembablan las piernas, y te juro que no era de frío. No es que tuviera miedo. ¿Tú has visto a los perros cuando salen a cazar? ¿Has visto como se ponen de nerviosos? Pues era una cosa así... ¡Qué gozada! Son de esas chuladas que todo el mundo se muere por hacer y que sólo se te presentan una vez en la vida... Bueno, digamos que un poco de miedo sí tenía. No creas que no era un trago llegar a esta casa, así, por las buenas, presentarse en medio de la movida y sin más... *(Miguel no tiene más que girar para, de espaldas al público, inmerso ya en el tiempo anterior y ayudado por el instantáneo juego de luz, encontrarse en la misma situación que al final del primer acto.)* Feliz Año Nuevo a todos. *(A la frase de Miguel se ilumina súbita y poderosamente el recinto del garaje. Los siete chicos se encuentran exactamente en las mismas actitudes que tenían al terminar el primer acto, pero como en una fotografía cambiada de eje. Ahora están todos de cara a Miguel, en vez de ser él el observado. Tras un momento de vacilación, en que nadie sabe cómo reaccionar, Rafa, sin mirar para nada al recién llegado, sonríe, entusiasmado y alerta. La fiesta va a empezar. Jose tira el taburete donde está sentado, al levantarse, furioso.)*

Jose.—¡Hijos de puta...! Provocando, ¿no? Eso es lo que hacéis siempre, ¡provocar! ¡Os voy a enseñar yo a...! *(Chus forcejea con Jose, sujetándole como puede, ayudado por Cris.)*

Cris.—¿Qué dices, imbécil, qué dices? ¿Es que no ves que viene solo?

Jose.—*(Debatiéndose.)* ¡Pues le voy a...!

Rafa.—Tú no le vas a nada. Es mi invitado.

Jose.—*(Soltándose y volviéndose hacia Rafa, escandalizado.)* ¿Tu qué? *(Juan, desde la espectacular entrada del desconocido, le comtempla, inmóvil como una estatua, y con una expresión de sorpresa indecible.)*

Rafa.—*(Precisando mucho.)* In-vi-ta-do.

Juan.—*(Casi quebrándosele la voz.)* ¿Qué significa esto, Rafa?

Rafa.—*(Jugando con la pregunta de su hermano.)* Viene del latín «invitare». De «invitar», que significa proponer a alguien que asista a una comida, espectáculo o fiesta. Y da también «envidar». Supongo que todos sabéis lo que significa envidar, la apuesta total.

Juan.—Rafa.

Rafa.—*(Alzando el tono para no ser interrumpido.)* ¡Y todavía tiene un significado absolutamente maravilloso! En esgrima quiere decir... *(Como recordando, aunque lo sabe de memoria.)* «Posición que se toma con el arma, por la que se ofrece un blanco al adversario, con el fin de inducirlo al ataque...» Podéis escoger la que más os guste. O todas. *(Mientras Rafa habla, Laura ha recogido sus cosas. Ahora inicia un movimiento hacia la salida, haciéndole una seña a Chus para que la siga.)*

Laura.—Venga, Chus, es muy tarde. Acompáñame. *(Rafa le tapa la salida.)*

RAFA.—No. De aquí no se va ir nadie. *(Juan hace un esfuerzo por rehacerse, dominar la situación y echar a todo el mundo.)*

JUAN.—Tiene razón. Llévala a su casa. *(A José.)* Y tú acompaña a tu prima y luego vuelve. O te recojo yo dentro de media hora. *(Jose no se mueve. Está confundido, no sabe qué hacer.)*

RAFA.—He dicho que no. Que no se va nadie... ¿Cómo le vais a hacer un feo semejante a mi invitado?

JUAN.—Rafa, ya está bien.

RAFA.—*(A Miguel.)* Ibamos a hacer chocolate, pero me parece que se estropeó el invento. ¿Tiene arreglo, Cris? ¿Podemos hacer más?

JUAN.—Rafa, ¿quieres hacer el favor...?

RAFA.—¿Y tú, quieres hacer el favor de no aguarnos la fiesta?... Nadie quiere irse. ¿Verdad que no, Laura? *(Laura, incómoda, asustada, un poco enfadada incluso, se encoge de hombros.)*

CHUS.—Oye, si ella se quiere marchar...

RAFA.—Pero no quiere. Nadie quiere. Cris, ¿puedes hacer más chocolate, sí o no?

JUAN.—*(Con la misma paciencia.)* Anda, Jose...

CRIS.—*(Enfrentándose a Juan, con provocación.)* Si me dais otro cacharro... Chocolate hay.

JUAN.—Cris, escucha... *(Cris se separa por fin del brazo de su primo y da una palmada como para ponerse y poner a todo el mundo en acción.)*

CRIS.—Venga, Laura, busca cualquier cosa que se pueda calentar. Esa jarra segoviana puede servir... Laura, ¿me estás oyendo? Ayúdame. Vete enchufando el infernillo. *(Tras dudar un segundo, Laura deja sus cosas y se mete detrás de la barra a hacer lo que le dicen. Cris va primero derecha hacia Miguel y le tiende la mano.)*

CRIS.—Hola. Me llamo Cristina. ¿No te quitas eso?

RAFA.—*(Encantado.)* ¡Claro que sí! ¡Ponte cómodo! Estás en tu casa... Mis amigos están un poco sorprendidos, ¿verdad, chicos? Y es que ellos esperaban que fueras un macarra, un cheli... ¡Pues no! ¡Sorpresa! *(Presentándole.)* Aquí, un señorito; aquí, unas amistades; allí, un hermano mayor. Se llama Juan Gabriel, la criatura. Esta ya te lo ha dicho, y la otra es Laura. Este es Jesús, Chus, si quieres... ¡Ah! Aquel ovillo de allí es Mari Angeles; yo soy Rafael, y éste...

MIGUEL.—*(Interrumpiéndole con aparente tranquilidad.)* Ya nos conocimos la otra noche.

RAFA.—Claro, pero como fue en circunstancias... desagradables, a lo mejor no sabes cómo se llama.

MIGUEL.—No. No tengo el placer.

RAFA.—*(Sonriendo, feliz de que el invitado sepa seguirle tan bien el juego.)* Se llama José Manuel. José Manuel Martín Velasco. Pero llámale Jose, siempre le llamamos así. Bueno, tú no te has presentado. *(Juan informa, como si todo aquello fuera una inmensa broma cruel.)*

JUAN.—El se llama Miguel Quirós. *(Todos se miran, sorprendidos.)*

RAFA.— ...¿Le conoces?

JUAN.—Somos compañeros de curso. *(Miguel, muy despacio, con dificultad por lo de su brazo, se va despojando del poncho mientras habla.)*

MIGUEL.—Somos amigos. *(Con una ironía parecida a la del cinismo.)* La noche de autos... ¿Se dice así, no? Bueno, pues la noche de autos yo venía a este hospitalario pueblo a visitar a Juan precisamente. El no me esperaba. Como tampoco me esperaba esta noche. Apuesto a que no sabe ni una palabra del asunto... Del asunto de autos. O por lo menos de mi participación en él. En cualquier caso, no formaba parte del amable comité de recepción del otro día. *(Juan niega varias veces, lentamente, con los ojos cerrados.)*

RAFA.—*(Sin poder ocultar su decepción ante el hecho de no manejar ya el asunto.)* ¿Y tú sabes que le ibas a encontrar ahora aquí?

MIGUEL.—No. Esta mañana, cuando me invitaste a venir, no suponía que íbamos a estar tan en familia.

JUAN.—*(Empezando a indignarse con Rafa.)* ¿Cuando tú hiciste qué?

RAFA.—Invitarle. ¿No te lo estoy diciendo?

JUAN.—¿Sabías que era amigo mío?

RAFA.—No, por Dios. Simplemente, esta mañana le vi desde la ventana de mi cuarto. Merodeando por la misma carretera en que... En fin, por la carretera. Y decidí bajar a invitarle. Supe que era un señorito, un señorito fino, ¿entendéis?, un auténtico señorito de buena familia, en cuanto le pude contemplar a la luz, de cerca. La otra noche, perdóname, a oscuras y con todo aquel barullo, te confundí con un perjudicao.

JUAN.—*(A Miguel, un poco avergonzado.)* ¿Por qué no me... avisaste de todo esto?

MIGUEL.—¿A qué supones que he vuelto a esta mierda de pueblo, en cuanto he podido tenerme en pie? Supuse que tú conocerías a los héroes de la otra noche. ¡Y mira si los conocías bien!... El Barbas y yo nos volvimos locos buscando tu casa y... Por cierto, por fin murió esta mañana, ¿os lo han dicho?

RAFA.—*(En un tono de falsa condolencia.)* ¿El barbas? ¿Algún amigo?

JUAN.—*(Con verdadero estupor.)* ¿Era...? ¿Era el Barbas? *(Miguel le mira, sin palabras, como si todo fuera tan evidente que resultara imbécil colocar las contestaciones en su sitio.)* La

radio lo dio esta mañana, pero yo no podía relacionar...
Nunca supe su nombre.

MIGUEL.—Pues tenía uno, ya ves.

JUAN.—Miguel, estoy seguro de que fue... un accidente.
Nadie quería matar a nadie.

MIGUEL.—*(A Jose, muy tranquilo, incluso con un poco de
falsa lástima.)* ¿No querías matarle? *(Jose sigue mirándole
fijamente, pero no contesta. Sigue confuso ante la situación,
aunque en guardia.)*

MIGUEL.—*(A Rafa.)* No, no puede decirse que el Barbas
fuera exactamente un amigo. ¿Verdad que no, Juan?... Un
amigo es otra cosa. Alguien a quien se respeta, en quien se
confía, a quien se..., a quien se ama. El Barbas no era un
amigo nuestro. Era..., bueno, la historia de siempre. Como
uno de esos perros enfermos, raquíticos, que te encuentras
por la calle y que se empeñan en seguirte, aunque les tires
piedras. De esos que te acaban creando mala conciencia y que
quieres dejar de ver para no acordarte de que existen cosas
así... Hasta que un día caes en la tentación de llevártelos a
casa para darles un poco de comer, y... *(Se interrumpe para
mirar de nuevo a Jose y preguntarle como con curiosidad.)* ...Si
no le querías matar, ¿qué querías?

RAFA.—¿Por qué le hablas sólo a él? Yo también estaba.

MIGUEL.—Sí. Y otros cinco, que, por cierto, no veo por
aquí.

RAFA.—¡Es que has venido muy tarde! Pero estaban.
Bueno, han venido cuatro. Hay uno que está malo.

MIGUEL.—*(Pasándose al tono de Rafa, que tiene también
mucho que ver con él.)* ¿Remordimientos?

RAFA.—Gripe.

CRIS.—*(A Jose, asombrada.)* ¡Me dijiste que no tenías nada
que ver! *(A Rafa.)* ¿Y tú...?

JUAN.—Miguel, te repito que nadie quería matar al pobre..., a... Fue un accidente, te lo aseguro.

MIGUEL.—Claro. Las consecuencias de matar a alguien, aunque sea un drogadicto de mierda como el Barbas, pueden ser incómodas, ¿verdad?

JOSE.—*(Aliviado de empezar a entender.)* ¡Ah! ¡A eso has venido! *(A los otros.)* ¡Ya empezamos con las amenazas! Te apetecía jugar un ratito, ¿no? Tenernos aquí muertos de miedo y suplicándote. Pues vas listo. ¡Lo que es yo! Me gustaría saber cómo vas a probar que... *(Miguel le observa con ostensible interés de científico, que acaba de dejar a Jose sin habla antes de molestarse en interrumpirle.)*

MIGUEL.—Yo no tengo nada que probar. No he denunciado nada. *(Chus interviene por primera vez, indignado.)*

CHUS.—¿Que no has denunciado nada?

JUAN.—Pero entonces..., ¿qué has dicho en tu casa, por ejemplo, cuando apareciste con el brazo roto y...?

MIGUEL.—*(Encogiéndose de hombros, como si eso no tuviera la menor importancia.)* La versión oficial es que fue un coche.

JOSE.—¡Este tío es imbécil! ¡Todo el que te haya visto por el pueblo, con esas mataduras y esa escayola...! ¡Y la primera, la Guardia Civil! Si no te han dicho nada, si no te han pedido la documentación, habrá sido para ver dónde ibas..., ¡y mira tú por dónde...!

MIGUEL.—*(Siempre sin perder la serenidad.)* Mira tú por dónde, lo primero que hice hoy, al llegar aquí, fue irme derecho al cuartelillo.

JOSE.—Ah...

MIGUEL.—Les he dicho que el otro día me asusté mucho y que por eso me escapé sin presentar la denuncia.

JOSE.—¡Luego has presentado una denuncia!

MIGUEL.—Contra un coche, ¿no lo estoy diciendo? Un coche del que se supone que no pude ver la matrícula. Se supone que se llevó al Barbas por delante cuando cruzábamos la carretera. Paramos en este pueblo buscando a un amigo y mientras buscábamos la casa... El coche se lo llevó por delante y no quiso parar. Se lo han tragado. Ya sabéis cómo es la gente, cómo es de criminal, de bestia, de asesina...

JOSE.—¡Oye...!

MIGUEL.—El coche levantó al Barbas por el aire y él cayó con tan mala suerte que se abrió la cabeza. A mí, en cambio, sólo me dio de refilón. Por eso... *(Sin terminar la frase, muestra su brazo escayolado.)*

CHUS.—*(Enérgico, avanzando hacia Miguel, como formando a su lado.)* ¡Debiste denunciar! ¡Debiste decir la verdad!

JUAN.—No habrás convencido a nadie. El brazo pudo habértelo roto un coche pero, esto, y esto...

MIGUEL.—¿Lo de la oreja? No. El pendiente no me lo arrancaron tus amigos. Es que estoy teniendo unas fiestas muy agitadas. *(A tumba abierta, Jose se vuelve hacia Cris, que está preparando el chocolate detrás de la barra.)*

JOSE.—Pidiendo guerra. ¿No te lo decía yo esta mañana? ¡Van por ahí pidiendo guerra!

MIGUEL.—*(Sentándose ante uno de los barriles, como tomando posesión.)* ...¿Guerra? No. Es que es difícil entenderse con alguna gente. Hace unos días recibí una carta de un amigo... *(Juan presta atención, con creciente angustia.)* ...Era una carta maravillosa, pero yo sentí un rechazo tan grande que reaccioné como un imbécil, le insulté, rompí con él... En vez de decir simplemente «no, gracias», como pensé después, y...

JOSE.—Oye, déjate de rollos, ¿qué nos importa?

JUAN.—Cállate.

MIGUEL.—La chica con la que yo salía últimamente me robó la carta para leerla. Las cosas andaban mal entre ella y yo, y como tiene muy poca imaginación, pensó que lo mejor que podía hacer era mandársela a mi padre. *(Miguel inicia una risita, con amargura.)* Mi padre es un progre muy raro. Mucho canto a la libertad, mucha teoría, pero cero en trabajos prácticos. Le dio como un ataque. Lo de la oreja es cosa suya...

JUAN.—Pero tú... ¿Tú no le explicaste que tú no...?

MIGUEL.—Yo no doy explicaciones cuando me las piden así. Pero esto es secundario. Aquí de lo que se trata es de comunicaros que durmáis tranquilos... si podéis, claro. Por parte del Barbas no os van a venir complicaciones. *(En los labios de Jose ha empezado a formarse una sonrisilla mala.)*

JOSE.—¡Vaya! ¡Así que os escribís cartitas vosotros dos! Ya entiendo. *(Cris se inmoviliza, demudada. Juan, en cambio, salta hacía Jose como movido por un muelle, pero Rafa se interpone y le detiene.)*

RAFA.—Tranquilo, Juan, tranquilo... Está con la copa... Ni caso... ¿Te vas a tomar a éste en serio a estas alturas?... Tranquilo.

JOSE.—El señorito es muy generoso, el señorito no presenta denuncias, y viene aquí a marcarse el folio..., pero en realidad lo que le preocupa es que no salgan a relucir sus trapos sucios. Resulta que el otro era un drogadicto, y éste es un... *(Sin dejarle terminar, Rafa se vuelve hacía él y le cruza la cara de una bofetada terrible.)*

RAFA.—A partir de ahora te vas a callar. Te vas a callar hasta que te mueras... ¿O te parece que no has hecho bastante? *(Jose se queda mirando a Rafa con estupor, como sin entender una vez más qué está pasando.)*

CHUS.—*(A Miguel.)* ¡Tenías que haber denunciado! Y aún estás a tiempo. Aquí, desde el otro día, la gente está revuelta. Y hay comentarios. *(Miguel niega, cansadamente, mientras le escucha.)*

MIGUEL.—El no hubiera querido.

CHUS.—¿Tu padre?

MIGUEL.—¿Mi padre?... El Barbas. No hubiera consentido que se denunciase a nadie por su causa.

CHUS.—¿Cómo lo sabes? El matrimonio que le recogió...

CRIS.—El coche de verdad, el que sí paró.

CHUS.—Esa pareja dijo que el chico estaba inconsciente, que ingresó en coma. ¿De dónde te sacas tú que él no hubiera querido...?

MIGUEL.—*(Interrumpiéndole.)* Conocimos al Barbas una noche en que también él vino a ofrecernos chocolate. Sólo que el suyo era de otra clase... Muy malo, por cierto... Por alguna razón, decidió ser amigo mío, y no había manera de quitármelo de encima. A mí me daba vergüenza ir con él. Era impresentable. Hasta en Malasaña se volvían a mirarle, pobre mierda de tío... Pero también resultaba cómodo. Le mandaba por tabaco, le tenía de recadero con las chicas, le tenía de lo que fuera y él, feliz... Bueno, «feliz» es una palabra que yo creo que ni conocía. Era una de esas gentes que uno no entiende para qué han nacido. Feo, con mala salud, sin familia y sin la menor posibilidad de hacerse un sitio en esta sociedad. Hacía mucho tiempo que le pegaba a todo: alcohol, chocolate, caballo... Lo que fuera. Y para conseguirlo, también lo que fuera. En la calle Almirante, por nada, por quinientas pesetas, se le podía alquilar sin condiciones. Lo que fuera... menos la violencia. En eso encerraba él toda su capacidad de ética: «Yo soy incapaz de matar una mosca, tío. Yo no le hago daño a nadie. Por nada. Eso sí que no.» Se imaginaba que con eso quedaba limpio delante de..., yo qué sé..., de Dios sería. Pues ojalá. Ojalá tuviera razón. En cualquier caso, yo... *(Jose le interrumpe al fin, indignado de ver cómo todos sus amigos escuchan al advenedizo aquel con la baba caída.)*

JOSE.—¡Un momento!... ¿Qué estamos haciendo? ¿Escuchar, llenos de admiración, el panegírico de un delincuente? ¿Los vamos a santificar ahora?

MIGUEL.—Lo único que pretendo es aclararos por qué le debéis al Barbas y no a mí el no estar ahora mismo en un calabozo.

CHUS.—Pobre tío...

JOSE.—*(Encarándose con Chus, furioso.)* ¿Pobre tío? ¡La mayoría de esos «pobres tíos» roban y matan para conseguir la droga!...

MIGUEL.—*(Con la misma suavidad.)* La mayoría, sí, pero éste no. Fuiste a dar en hueso. Cuando se va por ahí, salvando el alma del prójimo a guantazos, hay que hilar muy fino.

JOSE.—¡Y cuando se va por ahí de maravilloso, no se tiene a un pobre desgraciao de alcahuete ni de bufón!... ¿No era de eso de lo que lo tenías? ¿O sólo de camello? *(El golpe hace mella en Miguel, que no contesta.)*

JOSE.—*(Creciendose.)* ¿Por qué estaba contigo el día... ése, el día de autos, eh? ¿Para qué le traías? ¿Para que te encendiera los cigarrillos? ¿Para que te limpiara el parabrisas? ¿Para qué?

MIGUEL.— ...Las fiestas. Estaba pasando las fiestas en mi casa. Le daba vergüenza no tener dónde ir: «Todo el mundo se junta, tío. Aunque no se quieran, hacen ver como que sí, y se juntan. Y el que no tiene a nadie va por ahí montándoselo de que no le importa, pero jodido, muy jodido. Son unos días horrorosos, los deberían prohibir»...

JUAN.—¿En tu casa, con tu familia?

MIGUEL.—¡Claro! Y en la mesa con todos, no te vayas a creer. Sólo les faltó regalarle un collar con su placa... *(A Rafa.)* Parecido a lo que tú creías hacer invitándome esta mañana, ¿verdad? «Siente a un pobre a su mesa.»

CRIS.—¿Pero es verdad eso de la invitación? No me lo puedo creer.

RAFA.—¡Claro que es verdad! ¿Por qué no me creéis cuando hablo?

LAURA.—Porque hablas mucho.

RAFA.—Bajé a decirle quiénes éramos, dónde íbamos a estar esta noche, y que... Bueno, que toda partida debe tener su revancha... Lo que no me podía imaginar es que se iba a presentar solo.

LAURA.—¡Anda, que tienes un cuajo!

MARI ANGELES.—Y él, mucho valor. *(Se vuelven a mirar a Mari Angeles, que es la primera vez que abre la boca o se mueve desde que ha entrado Miguel. Sigue junto al tocadiscos, lejos, como aparte.)*

JOSE.—*(Riéndose.)* ¿Valor? Este lo que está es colocao perdido.

CHUS.—*(Muy seco.)* Si lo estuviera, no tendrías nada que reprocharle. Tú estas borracho.

MIGUEL.—Y el otro día también lo estabas. Cuando golpeabas la cabeza del Barbas contra las piedras, también lo estabas... ¿O no?

JOSE.—Ahora toca hablar de los estragos del alcohol y de la maravilla de la droga, ¡lo veo venir!

CHUS.—A ti sólo te parece malo lo que está prohibido, ¿no?

JOSE.—¡Tú a vender garbanzos, que es lo tuyo!

MARI ANGELES.—El sólo respeta la ley impresa. Y a veces.

JOSE.—¡Tú te callas, enana! ¡Nadie te está pidiendo tu opinión!

MIGUEL.—Pues a mí me interesa.

JOSE.—¿Ah, sí?

MIGUEL.—Sí. *(Una vez más, la tensión alcanza unos máximos que Laura rompe con un alarido extemporáneo.)*

LAURA.—!!YA ESTA EL CHOCOLATE!!... El que se bebe.

CRIS.—*(Apoyando la política de Laura.)* Sí, ése que me habéis dicho que haga. ¿Lo vais a querer, o no? *(Y entonces, cuando nadie espera una cosa así, Jose se deja caer sobre el asiento que tiene más cerca, como desplomándose, esconde la frente en las manos y se disculpa, sin venir a cuento y con una voz que no parece la suya.)*

JOSE.— ...Fue un accidente.

MIGUEL.—*(Pasando por encima de su propia sorpresa.)* ¿Es una letanía?... Porque me parece que ya lo he oído varias veces.

JOSE.—*(Alzando los ojos hasta Miguel.)* ¡El me provocó!... ¿O no es verdad?

MIGUEL.—¡Lo que hay que oír! *(Jose se vuelve a Rafa en demanda de apoyo.)*

JOSE.—¿Es verdad o no? *(Rafa le sonríe y, por supuesto, no contesta.)*

MIGUEL.—No, no es verdad. Ibamos tranquilamente por la carretera, buscando la casa y fumando un pitillo, cuando...

JOSE.—*(Interrumpiéndole.)* Sí, ya, un pitillo.

MIGUEL.—¡Lo que nos daba la gana! ¿A ti qué te importa? Pero ERA un pitillo. El pobre Barbas iba tiritando, y no precisamente de frío.

JOSE.—En pleno mono, ¿eh?

MIGUEL.—Sí, porque a un imbécil se le había metido en la cabeza rehabilitarle, «sacarle del rollo», como él decía. El imbécil le había prometido ayudarle, y él aceptaba la ayuda. El imbécil le decía que su padre tenía influencias y le conseguiría tratamientos médicos, desintoxicaciones, empleos, ¡lo que hiciera falta! Y el pobre Barbas se hacía ilusiones y se creía que con una varita mágica y buena conducta conseguiría en seguida la misma estatura, la misma pinta, la misma salud, la misma seguridad, la misma inteligencia y las mismas oportunidades del imbécil bien comido que le invitaba a su casa a pasar las fiestas. Y se vistió de mamarracho con lo mejor que tenía, para causar buena impresión a las gentes de bien, pero todo lo que consiguió fue que, una noche, un *grupo de tíos de su edad se echara a reír al cruzarse con él* por la carretera y...

JOSE.—*(Interrumpiéndole.)* Y él me gritó: «¿Qué miras, hijo de puta?» *(A los demás, cargado de razón.)* ¡Me gritó: «¿Qué miras, hijo de puta?»! *(Miguel se incorpora y se lanza hacia Jose, fuera de sí por primera vez.)*

MIGUEL.—¡Y QUE mirabas, hijo de puta? *(Chus, ya claramente a favor de Miguel, se interpone para evitar que se lance sobre Jose. Juan, a su vez, se precipita a sujetar a Jose. Rafa casi sonríe mientras comenta.)*

RAFA.—¿No os habéis dado cuenta de cómo se llaman estos dos? *(Durante unos instantes, mientras termina el forcejeo y el enfrentamiento parace haberse impedido una vez más, nadie le contesta, pero él insiste, por supuesto.)* ...¿De verdad que no os hacen gracia sus apellidos?

LAURA.—*(Impaciente.)* ¿De qué, a ver, de qué hay que darse cuenta, cuál es el chiste, qué hay que decir? *(Juan, que ha vuelto a apartarse, con la cabeza apoyada en la pared, encogido sobre sí mismo, los ojos cerrados, recita convenientemente:)*

JUAN.—«Antes que Dios fuera Dios, y los peñascos, peñascos, los Quirós eran Quirós, y los Velascos, Velascos...» *(Durante unos instantes vuelven a sumirse en un incómodo silencio, mientras Laura y Cris reparten los cazos del chocolate. Incomprensiblemente, Jose vuelve a adoptar un tono y una actitud humildes y repite:)*

JOSE.— ...Fue un accidente. Palabra de que fue un accidente.

MIGUEL.—Que le mataras, puede. Que le pegaras, no. Y que se metieran los otros y a mí me partieran un brazo por intentar defenderle, tampoco.

RAFA.—En modo alguno pienses que intento lavar mi reputación, pero me gustaría recordarte que yo me abstuve.

MIGUEL.—Me acuerdo muy bien. Te abstuviste absolutamente de todo. Hasta de pronunciar una palabra en favor de nadie. Cualquiera hubiera dicho que estabas viendo una película mientras comías palomitas de maíz.

RAFA.—Yo no como porquerías.

MIGUEL.—Si no te hubieras abstenido tanto, el Barbas no estaría ahora muerto... Pero no te preocupes. A lo mejor le hicisteis un favor. El no sabía que la putada no tenía arreglo, que habían empezado a hacérsela muchas generaciones atrás, para que un grupo de privilegiados...

RAFA.—*(Estallando él también por vez primera.)* ¡Ah, no! ¡No, qué coño!

LAURA.—*(Extrañadísima de que Rafa se salte sus propias reglas.)* Pero, Rafa...

RAFA.—¡Ya está bien de darse golpes de pecho, ya está bien! ¡Estoy de penitentes hasta aquí!

CHUS.—No vamos a negar ahora que existen los problemas sociales, ¿no?

CRIS.—A ver si te crees que él no lo sabe. Lo peor de este mundo nuestro, es la injusticia precisamente. La injusticia social.

MIGUEL.—*(Sin ningún respeto por la nueva aliada.)* ¿Dónde lo has leído?

CRIS.—*(Dolida.)* Oye, yo lo único que digo es que es verdad que somos privilegiados.

RAFA.—¿Por qué? ¿Porque comemos caliente y nos enseñan trucos para escalar puestos?... ¿Y si no nos gustan los puestos por los que nos hacen escalar, simplemente? ¿Y si no nos basta con comer caliente y comprar camisetas, para tener ilusión por la vida, para creer que esa mierda de vida merezca la pena? ¿Y si cada mañana nos cuesta un trabajo espantoso levantarnos porque no sabemos adónde nos llevan, ni por qué nos llevan, ni si vale la pena ir? ¿Encima tenemos que confesarnos privilegiados, alegrarnos mucho por ello, y a la vez sentirnos muy culpables de cara a no sé quién? ¡No, qué coño! *(Enérgica, Laura agita el cazo de las multas en ese preciso momento frente a la nariz de Rafa, acabando de sacarle de quicio.)* ...¡Quita, tarada!... Todo eso no es más que hipocresía. Y no sé qué es más repugnante, si el desprecio absoluto por los que son menos afortunados que uno, en el campo que sea, o esa complacencia beatona en mostrar las propias supuestas culpas, como si fueran muñones. ¿Me queréis decir qué culpa tenemos nadie de que El..., bueno, el fulano ése, fuera un desgraciao? Aquí, la única culpa que se ventila es la de haberlo dejado muerto a golpes, simple y sencillamente porque su pinta simbolizaba ni se sabe qué pecados, a los ojos de una mano de hijos de puta, que se sentían henchidos del derecho a codificar esos pecados y a castigarlos heroicamente siete contra dos. ¡Y me incluyo, me incluyo! Por no haber intervenido. Acepto mi culpa. Pero de que el pobre tipo tuviera esa pinta, efectivamente, tanto si se avergonzaba de ella como si le enorgullecía tela, de eso, perdóname, pero yo personalmente me niego a hacerme cargo. Como me niego a hacerme cargo de los crímenes o de las grandezas de mis antepasados. ¡Anda, y que les vayan dando. Yo soy yo, he nacido ahora y bastante tengo con apencar con lo mío!

CRIS.—Rafa..., si te paras a analizar...

RAFA.—¿Yo? En eso os doy ciento y raya a cada uno. Dime una cosa, sólo una cosa. ¿Alguno de vosotros se siente culpable de estar sano y de que yo no lo esté? La vida es injusta en general... Y no digo que haya que admitirla como es, pero si os empeñáis en luchar por la igualdad de las narices, a ver si igualáis hacia arriba, no hacia abajo. Me juego lo que queráis a que El..., ése como se llamara...

MIGUEL.—*(Como reivindicando el nombre.)* El Barbas.

RAFA.—Bueno, pues el Barbas. Estoy seguro de que no hubiera querido que éste se le acabase pareciendo, sino parecerse a él, precisamente.

MIGUEL.—*(Educadamente.)* Os felicito a todos por digerir tan bien. Pero como sólo acepté la invitación para transmitiros lo que creí que serían los deseos del Barbas, cumplido el encargo me vais a disculpar.

JUAN.—Espera, ¿dónde vas?... No has podido venir en coche, con ese brazo.

MIGUEL.—Claro que no. Además, ya no tengo coche. Ya no estoy en casa. No me gusta la manera que tienen de enfrentarse a los problemas.

JUAN.—Pues más a mi favor, ¿cómo te vas a ir tú solo a estas horas? *(Rafa avanza decididamente hacia Miguel, que ha vuelto a alcanzar la puerta, y presiona solidariamente su brazo.)*

RAFA.—No te vayas. *(En un arranque, también Cris se le acerca.)*

CRIS.—No. No te vayas.

LAURA.—*(Un poco incómoda.)* Hombre, dejadle al chico. Lo que es hoy, habrá pasado un día mono, y encima... Dejadle en paz.

CRIS.—No te vayas.

RAFA.—*(A Laura.)* ¿Qué tendrá eso que ver? ¿Qué día te crees que ha podido pasar la enana? *(Al ser aludida, Mari Angeles también se incorpora desde donde está y se acerca al grupo.)*

MARI ANGELES.—Mi padre se mató anoche. Chocó contra un camión... Era músico. Igual le conoces.

MIGUEL.—¿Toni Aguirre? *(Mari Angeles asiente acercándose más.)* Lo oí por televisión. Enhorabuena.

LAURA.—*(Escandalizada.)* ¿Enhorabuena?

MIGUEL.—Me gustaba su música.

MARI ANGELES.—A mí también... Iba a una gala, ¿sabes? Sin dormir, corriendo, como siempre... El camionero también llevaba dieciocho horas al volante. Mi padre decía siempre que ésta era una civilización de chalaos.

MIGUEL.—Y lo cantaba, que era más bonito. ¿Cómo te llamas?

MARI ANGELES.—Angeles. *(Mari Angeles mira a Juan y le sonríe.)*

MIGUEL.—Siento lo de tu padre, Angeles.

MARI ANGELES.—Yo también.

RAFA.—Bueno, pues, sin embargo, ahí la tienes, bailando toda la noche.

LAURA.—Sí, y a mí me tiene el estómago revuelto toda la noche.

MIGUEL.—¿Por qué?, solo porque no es costumbre?

LAURA.—No sé... Parece una falta de respeto.

RAFA.—El respeto es un sentimiento, no un manual de urbanidad. ¡David bailaba delante del Tabernáculo!

MIGUEL.—No era el Tabernáculo.

RAFA.—*(Sorprendido.)* ¿Que no?

MIGUEL.—No. Era el Arca de la Alianza.

JOSE.—*(Encantado.)* ¡Qué corte, macho, el primero que te marca a ti un gol! *(La risa brota, espontánea, contagiando a todos, menos al propio Jose, que parece sorprendidísimo de haberse dejado conquistar de aquel modo, y a Miguel, que no sabe muy bien de qué va.)*

CRIS.—*(Atreviéndose ya a colgarse del brazo del recién llegado.)* Miguel, no te vayas.

RAFA.—*(Dándole una palmada en el hombro.)* Quédate. Lo de venir ha sido majestuoso. Majestuoso, palabra. Pero si ahora te vuelves muy digno por donde has venido, lo habrás hecho a medias, sólo habrá sido un gesto, un farde como otro cualquiera. En cambio, si te quedas...

MARI ANGELES.—Quédate. *(Juan, que sigue sentado en su rincón, se decide a beber el chocolate que Laura le ofreciera hace un rato mientras recuerda.)*

JUAN.—Al principio de la noche alguien me predicaba que no había que ser tan derrotistas. Me decía que el camino estaba en volver a cuidar un poco el elemento humano, en rescatar las relaciones interpersonales... Bueno, no lo decía con estas palabras tan rebuscadas, claro. Creo que era algo así como «Mientras en el mundo haya personas, y dos personas..., o un grupo de personas, es igual, puedan sentir..., aunque no sea más que un momento»... *(Mientras Juan rememora sus titubeos, los ojos de Cris se llenan de lágrimas. Y le sonríe.)*

CHUS.—*(Tajante, resumiendo.)* Si te vas, tu amigo habrá muerto por nada.

LAURA.—No os paséis.

RAFA.—¡Exacto, Chus! *(De nuevo a Miguel.)* Si te quedas...

MARI ANGELES.—Quédate. *(Como desligándose del grupo que le rodea, Miguel gira para dirigirse a Jose, que está aparte, incómodo, y se dirige a él con un apelativo que resume toda su actitud.)*

MIGUEL.—Velasco... *(Se hace un silencio absoluto. Jose alza los ojos y mira a Miguel, esperando.)* ...tú también crees que me debo quedar? *(Tras una pausa, Jose traga saliva y asiente, despacio. Miguel avanza un paso e insiste, forzando la suerte.)* ...Pero ¿has oído lo que han dicho? Que me debo quedar para que el Barbas no haya muerto en vano... ¿Es eso? *(Cris corre a apuntalar la fragilidad de su primo y se cuelga de su brazo, como en una súplica muda. Tras una mínima pausa, Jose vuelve a asentir.)* ...No sería como si me quedara yo, ¿comprendes? Yo no existo, yo he venido sólo en representación del Barbas. Es a él a quien le estás pidiendo que se quede, aquí, con vosotros, contigo. Al Barbas. Con sus pelos, y su collar de latón, y su camisa morada, y sus botas... ¿Te acuerdas de sus botas, Velasco? Aquellas ridículas botas de vaquero que le hacían un poco más alto. Es él quien está delante tuyo... ¿Le vas a pedir que se quede?

JOSE.— ...Que sí. Que te quedes. *(Y al conjuro de esa frase estalla un movimiento general de exaltación. Cris besa a su primo, que sonríe, aun un poco incómodo. Laura y Chus se complementan para recoger el poncho de Miguel y arrojarlo al montón común. Rafa le tiende a Miguel el cazo de chocolate que antes desdeñara y que ahora acepta, mientras Mari Angeles se precipita a arrodillarse de nuevo junto al montón de discos y manipula, nerviosa, buscando uno que poner. Cris, dejando a Jose, da una palmada con el gesto que le es habitual para que las huestes la sigan.)*

CRIS.—*(Aprobando, entusiasta.)* ¡Di que sí, enana! ¡Pon algo bonito!... ¡A bailar!

LAURA.—¿A bailar? No os paséis. *(Una música rítmica, exaltada, llena ya el ambiente, y Mari Angeles se levanta de un brinco, gritando por encima de su volumen.)*

MARI ANGELES.—¡Claro que sí! ¡Como el rey David!... ¡Por mi padre!... ¡Por mi padre y por el Barbas! *(Sus palabras producen apenas una peligrosa impresión momentánea que rompe Cris corriendo a colocarse frente a Miguel y dedicándole una ceremoniosa y rápida reverencia.)*

CRIS.—¿Quieres bailar? *(Miguel duda un segundo mientras*

Juan se pone en pie y va a jugar el mismo juego frente a Mari Angeles, que ya está bailando sola, como en trance.)

JUAN.—¿Quieres bailar conmigo, Angeles? *(Ella le sonríe y le incluye simplemente en su danza, sin detenerse un segundo. Ya bailan los tres. Mari Angeles, Juan y Cris. Y Miguel no tiene más remedio que seguirles. Empiezan a dar palmas. Miguel, a causa de su brazo escayolado, palmea su muslo, en sustitución. Chus y Laura, contagiados, empiezan por unirse a las palmas, aun tímidos, desde su puesto de observación.)*

CHUS.—*(Nervioso, por decir algo.)* Faltan chicas, como siempre.

LAURA.—*(Echándose a reir.)* ¿Tú crees? Yo, en cambio, siempre tengo la sensación de que faltan chicos. *(Chus ríe con ella y, sin transición, la toma de la mano, le hace dar un giro brusco y hermoso y la incorpora al baile. Rafa los mira, desde su rincón, un poco confuso. Se muere por unírseles y se le nota, pero no sabe cómo hacerlo, hasta que Rafa le empuja y Cris le acoge, y sus palmas y las de Miguel Quiros se acoplan en un solo sonido, frente a ella, que baila con los dos, para los dos. Rafa sigue contemplándolos alucinado, extasiado.)*

TODOS.— ¡Venga, Rafa!... ¡Rafa! *(Al fin le rodean, le envuelven, tendiéndole manos, atrayéndole, anexionándole, hasta que insensiblemente todos han llegado a formar un rueda mientras golpea la música y las palmas y los pies de todos sobre el suelo.)*

RAFA.—*(Loco de entusiasmo.)* ¡Cris!... ¡Esto!... ¡Esto sí que es una fiesta! *(La música se corta en seco y se quedan congelados, inmóviles en un paso de baile, las ocho figuras. La luz decrece muy lentamente, hasta la oscuridad absoluta del garaje. Miguel, arrastrando su propia luz, avanza hacia primer término como lo hacía durante su primer monólogo.)*

MIGUEL.—Ojalá hubiera terminado en ese preciso momento,

¿verdad? Que alguien hubiera dicho «¡Corten!», como en el cine. Mientras duró aquella especie de..., no sé cómo llamarlo, comunión. Mientras duró aquella comunión, todo parecía tan fácil. Como si nos hubiéramos lavado de culpa, como si en adelante pudiéramos romper las barreras, confraternizar con todos, acabar de una vez con las guerras, yo qué sé... Pero ahí estaba la trampa, precisamente, en creernos que era fácil, que algo así se iba a producir en un momento, sin problemas. Los tipos como Jose no pueden aceptar nada semejante. En el fondo están muertos de miedo, por eso necesitan que nadie cambie, odian a cualquiera que les parezca salirse del patrón. Lo nuestro fue lo de menos, cualquier cosa hubiera hecho saltar la chispa, él necesitaba que saltase. Aquello se estaba cociendo desde el principio, desde mucho antes de que empezaran a marcharse todos, y tú me dijeras aquello de... *(Suavemente, lentamente, se habrá ido iluminando el rincón del garaje en el que se halla Mari Angeles.)*

MARI ANGELES.—¿Tú también te vas?

MIGUEL.—A casa de Rafa. A darnos una ducha para seguir la celebración, ¿no has oído? Quieren que vayamos a desayunar no sé dónde.

MARI ANGELES.—Te vas a ver negro para desnudarte y vestirte otra vez.

MIGUEL.—Sí, suele ser complicado con esta cosa.

MARI ANGELES.—Entonces, ¿por qué no te quedas conmigo, y así no estoy sola todo este rato? Yo no puedo ir a casa todavía. Mi madre se cree que estoy en Madrid. *(Miguel duda un momento y por fin informa, a la oscuridad.)*

MIGUEL.—¡Rafa..., me quedo! ¡Os espero aquí! *(La puerta levadiza se cierra tras ellos lentamente, mientras Mari Angeles comenta:)*

MARI ANGELES.—¿No te importa, de verdad?

MIGUEL.—Qué va. Iba porque creí que os íbais todos... Además, me apetece charlar contigo, así que muy bien.

MARI ANGELES.—¿Sí?

MIGUEL.—Sí.

MARI ANGELES.—¿Por qué?

MIGUEL.—Bueno... pues porque sí. Porque me intrigas un poco. Me interesas, ¿te sirve eso?

MARI ANGELES.—Entonces, ¿por qué has estado todo el rato bailando con Cris? *(Miguel sonríe.)*

MIGUEL.—Tu prima es muy absorbente. Es difícil dejarla con la palabra en la boca ¿sabes?

MARI ANGELES.—Sí, siempre hace igual, le gusta acaparar a la gente... ¿A que te ha colocado el número de la violación?

MIGUEL.—Sí.

MARI ANGELES.—¡Toma, no! ¡Menudo chollo!

MIGUEL.—*(Riéndose.)* ¡Hombre, no diría yo tanto!

MARI ANGELES.—¡Que sí! ¿Tú sabes el partido que le saca? En cuanto pilla a alguien nuevo, ¡zas! A los demás ya nos tiene podridos con lo de «yo quiero olvidarlo y no me dejan, ¡por favor, no me habéis más de ello, por favor!»... ¡Madre mía, si le llegan a hablar!

MIGUEL.—*(Volviendo a reír.)* ¿Tú vives aquí todo el año?

MARI ANGELES.—No. Solo vengo en vacaciones.

MIGUEL.—¿Por qué no me das tu teléfono en Madrid? Podríamos vernos y eso.

MARI ANGELES.—Me gustaría, pero...

MIGUEL.—¿Qué pasa? ¿No te dejan?

MARI ANGELES.—Es que estoy interna.

MIGUEL.—Bueno, saldrás los fines de semana.

MARI ANGELES.—Sí, pero en Irlanda.

MIGUEL.—Eso me pilla un poco a trasmano.

MARI ANGELES.—Miguel...

MIGUEL.—¿Sí?

MARI ANGELES.—¿Tú me querrías hacer un favor?

MIGUEL.—Claro. ¿Qué favor?

MARI ANGELES.—¿Quieres hacer el amor conmigo? *(Miguel se la queda mirando, estupefacto.)*

MIGUEL.—*(Por decir algo.)* ¿Ahora?

MARI ANGELES.—*(Retractándose a toda velocidad.)* Olvídalo. No he dicho nada.

MIGUEL.—Sí lo has dicho.

MARI ANGELES.—Bueno, pues no tiene importancia. Olvídalo.

MIGUEL.—¿Que no tiene importancia?

MARI ANGELES.—Quiero decir que lo siento, no quería ofenderte. Ni herir tu sensibilidad. Olvídalo, por favor. *(Miguel se vuelve a reír, cálidamente, con ternura.)*

MIGUEL.—Vamos a ver... Es la primera vez, ¿no? *(Ella asiente, fastidiada.)* ...Es que quieres cambiar de una vez..., ser un adulto... ¿Y esa puede ser una manera?

MARI ANGELES.—*(Encogiéndose de hombros.)* Algo así.

MIGUEL.—¿Tiene que ver con que se haya muerto tu padre?

MARI ANGELES.—No quiero sustituirle ni nada de eso. Es otra cosa. Es... lo que has dicho antes. *(Miguel se la queda mirando un momento y por fin murmura:)*

MIGUEL.— ...Gracias.

MARI ANGELES.—*(Asombrada.)* ¿Por...?

MIGUEL.—Pues por elegirme a mí. *(Mari Angeles disimula una sonrisa.)*

MARI ANGELES.—Te aseguro que no tiene la menor importancia.

MIGUEL.—Y yo te aseguro que sí. Verás, vamos a hacer una cosa. Te propongo que volvamos a encontrarnos aquí mismo dentro de un año. El día de Nochevieja, al dar las doce. ¿Romántico?

MARI ANGELES.—*(Sonriendo.)* Mucho.

MIGUEL.—Suponiendo que quieras esperar, claro.

MARI ANGELES.—¡Pues sí que importa mucho lo que yo quiera! Mi madre se pasa la vida diciéndome eso de «hija», yo no te voy a coartar, tú eres libre, tú puedes hacer con tu vida lo que creas mejor. Pero, por favor, sé sensata, no hagas tonterías, no vayas por ahí acostándote con unos y con otros...

MIGUEL.—Pues tiene razón. Es algo demasiado bonito para...

MARI ANGELES.—¡Si yo no digo que no tenga razón! ¡Lo que no sé es por qué se imagina ella que es tan fácil acostarse con unos y con otros! *(Miguel vuelve a reír, y Mari Angeles recoge cualquier objeto arrojadizo y le ataca, furibunda, y algo pasa entre los dos que él la atrapa de un brazo, al vuelo, y tras mirarse unos segundos, como sorprendidos, se besan. Es el momento en que vuelve a levantarse, rápida, la puerta levadiza y Jose irrumpe en el recinto, lleno de violencia.)*

JOSE.—¡Hijo de puta!... ¡Lo sabía!... ¡Si no se os pueden dar confianzas!... *(Cris, que entra con él ahogada por la carrera, intenta detenerle.)*

CRIS.—¿A quién, Jose, a quién? ¿Ya estás con los plurales?... ¿A quién *(Jose la aparta de un tirón, haciéndola caer. Ella intenta volver a la carga, pero Miguel, que se ha apartado de Mari Angeles y espera, asustado, se lo impide.)*

MIGUEL.—¡Quieta, Cris! ¡Este es un loco, quieta! *(Cris se echa a llorar.)*

CRIS.—¡Jose, por favor, estás borracho!... ¿Qué te importa a ti la enana? ¡Si nunca le has hecho caso!

JOSE.—¡Te voy a machacar! *(Cris vuelve a intentar detenerle y él vuelve a quitársela de encima de un empujón. Pero cuando*

Jose va a lanzarse al fin sobre Miguel con toda su fuerza, alcanza a sujetarle Juan, que llega también corriendo, seguido de su hermano.)

RAFA.—¿Qué pasa? *(Juan y Jose forcejean. Jose es más fuerte que Juan, mucho más. Lo zarandea, furioso, hasta que se desembaraza de él. Desde el suelo, Juan intenta sujetarle por un pierna, pero él se libera de una patada y corre a apoderarse de unas enormes tijeras de podar que cuelgan de la pared. Con ellas en la mano, se vuelve triunfante hacia los demás.)*

JOSE—¡A ver quién es el guapo que me sujeta ahora! *(Rafa avanza hacia Jose, tranquilo, sonriente, queriendo poner paz a base de serenidad.)*

RAFA.—Yo. En este cotarro, el guapo soy yo, mientras no se demuestre lo contrario. Y ahora mismo me vas a dar...

JOSE.—*(Angustiado, pero sin dejar de amenazar con las tijeras.)* Quita... Quita, Rafa, por favor... ¡Quita o...!

JUAN.—¡Cuidado, Rafa!... ¡Está loco!... *(Miguel intenta entonces hacer un movimiento para ganar un terreno menos peligroso, pero Jose se da cuenta y salta hacia él. Es cuando Rafa se interpone entre los dos y es a él a quien Jose hiere mortalmente, ante el grito espantoso del grupo. Y a partir de este momento la luz adquiere un matiz irreal, y también las actitudes y los movimientos de todos, que se producen como en cámara lenta, casi como una danza, mientras Miguel vuelve a salir de la plataforma y hablar mirando al público. Mientras, tras él, sigue desdarrollándose una irreal y lenta ceremonia. Juan, Cris, y también Chus y Laura, que han aparecido en el último momento por la puerta levadiza, levantan a Rafa como en unas parihuelas humanas y se lo van llevando hacia la oscuridad, seguidos por Jose, que va solo, llorando tras ellos, hasta que la comitiva se pierde en la zona sin luz del escenario.)*

MIGUEL.—El año pasado no hacía tanto frío aquí. El calor

humano, supongo..., por llamarle algo. Me hace raro tenerte ahí delante. Me hace raro que estemos aquí los dos y... Bueno, ya me entiendes... ¿Me entiendes? ¿Sí? ¡Qué maravilla!... Has cambiado... Este sitio también parece muy distinto... ¿Sabes por qué he venido en realidad? Para enterarme de si venías tú... No, no es ninguna tontería. Si venías, era que realmente valía la pena conocerte mejor. Aunque aquella noche llegamos a conocernos muy bien todos. ¡Lástima de noche! ¡Y qué desastre de tío! ¡Qué desastre!... ¿Habéis sabido algo de él, alguno le ha ido a ver o algo? *(Mari Angeles se vuelve hacia él desde el tiempo anterior, baja de la plataforma y se sienta a su lado.)*

MARI ANGELES.—No. Tampoco he visto a los otros en todo este tiempo..., pero no creo que hayan ido a hacerle visitas. Cris, a lo mejor. Y eso que no, no creo... ¿Te acuerdas, cómo se emperró en que fuéramos a entregarle todos? ¿Cómo nos lo pedía por favor?... Como si fuera una ceremonia.

MIGUEL.—Y lo era. No sé si él lo sabía o no, pero para él lo era. ¡Qué desastre de tío! Siempre necesitando un padre. Concreto, abstracto, el que fuera, con tal de que le evitara ser libre... ¡Anda, que pobre Barbas!

MARI ANGELES.— ¿Por qué?

MIGUEL.—¡Menudo funeral le organicé!

MARI ANGELES.—Pues lo fue. Fue una misa de gloria.

MIGUEL.—¿Ah, sí?

MARI ANGELES.—¿No lo decías tú mismo hace un momento? No hay que caer en la trampa de suponer que es fácil. Nacer cuesta..., duele. Pero aquella noche, nosotros lo intentamos. Lo intentamos todos. Y casi lo conseguimos. Hubo un momento...

MIGUEL.—Cuando empezamos a bailar. Sí. Yo tenía la impresión, no sé, como de estar cambiando de naturaleza, de dimensión... Fue un momento mágico... No, mágico no, ¡qué palabra!

MARI ANGELES.—¿Sagrado? *(A esta palabra se ilumina de nuevo el garaje.)*

MIGUEL.—¿Tienes una tiza?

MARI ANGELES.—Pues no, como comprenderás. Pero tengo una barra de labios.

MIGUEL.—Déjamela. *(Ella busca en su bolso y se lo tiende. Miguel se acerca al abeto pintado en colores y borra con la manga una de las cifras de la pintada, mientras comenta:)*

MIGUEL.—Aquella noche yo empecé a creer en algo. Empecé a darme cuenta de que podíamos estar al principio de una cosa y no sólo al final de otra... Pero no hay momentos sagrados, Angeles.

MARI ANGELES.—¿Que no? *(Grácil, da un giro de baile, con el que la música anterior empieza a oírse, como en sordina.)*

MARI ANGELES.—«¡Como el rey David!»... *(Cris corre a ocupar el mismo lugar que ocupó al principio del baile, frente a Miguel, y actúa igual que entonces, como si él estuviera allí y no junto al abeto pintando algo.)*

CRIS.—¿Quieres bailar? *(Lo mismo hace Juan.)*

JUAN.—¿Quieres bailar conmigo, Angeles? *(Aparece Chus corriendo y se le une del mismo modo Laura.)*

CRIS.—¡Venga, Rafa, los dos conmigo!... *(Sale corriendo Rafa a bailar con ellos, como entonces.)*

LAURA.—¡Jose...! ¡Tú también, Jose! *(Y Jose se incorpora al baile. Miguel se aparta de la pintada que acaba de modificar, y en la que ahora se lee: «Los noventa son nuestros. Feliz mundo nuevo a todos.»)*

MARI ANGELES.—¿No hay momentos sagrados? *(Miguel le sonríe.)*

MIGUEL.—De entrada, no. Hay que crearlos.

Mari Angeles.—*(Devolviéndole la sonrisa.)* Por favor...,
¿quieres hacer el amor conmigo? *(Miguel se le acerca, la besa
y tomándola de la mano sube con ella a la plataforma donde
la rueda de los bailarines los envuelve, incorporándolos exactamente como estaban entonces. La música, hasta aquí en
sordina, ha ido subiendo hasta su máxima intensidad, hasta
que Rafa grita, igual que antes, en pleno entusiasmo:)*

Rafa.—¡Cris!... ¡Esto!... ¡Esto sí que es una fiesta! *(La luz
decrece mientras la música sube cada vez más.)*